Contraste insuffisant des couvertures
supérieure et inférieure

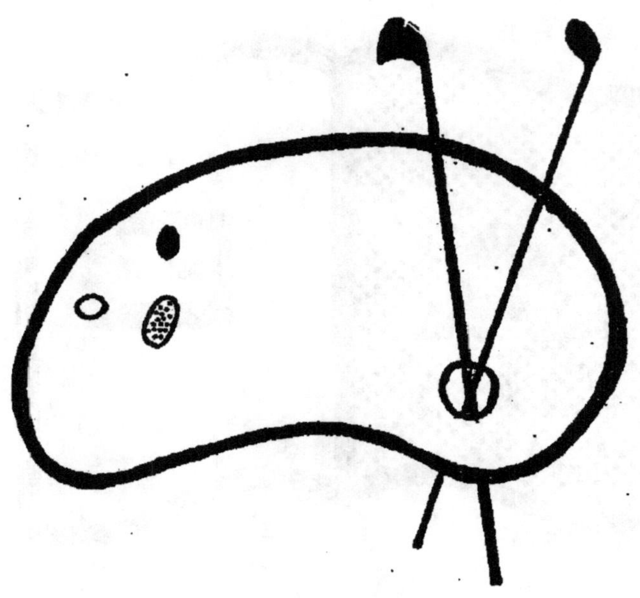

DEBUT D'UNE SERIE DE DOCUMENTS
EN COULEUR

LITURGIE
publiée sous la direction du Révérendissime Dom Cabrol
ABBÉ DE FARNBOROUGH

Jules BAUDOT

Bénédictin de Farnborough

La Dédicace des Églises

BLOUD & Cie

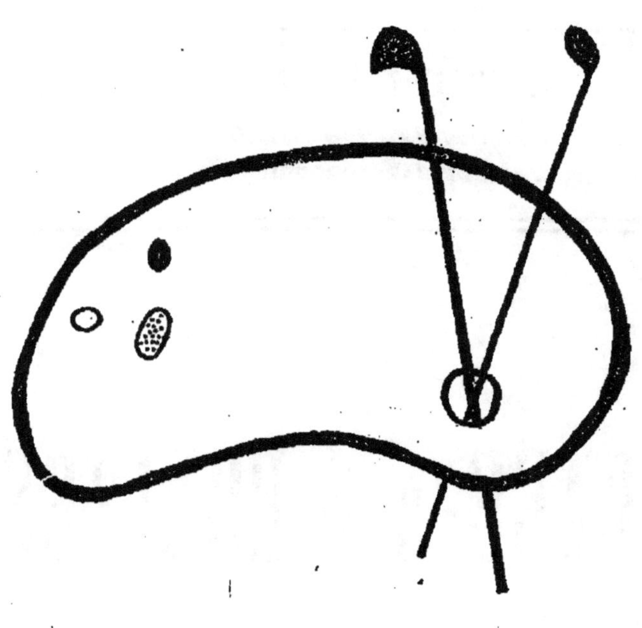

**FIN D'UNE SERIE DE DOCUMENTS
EN COULEUR**

LITURGIE

Série publiée sous la direction du Révérendissime Dom CABROL,
ABBÉ DE FARNBOROUGH

LA
DÉDICACE DES ÉGLISES

PAR

JULES BAUDOT

Bénédictin de Farnborough

PARIS

LIBRAIRIE BLOUD ET Cie

7, PLACE SAINT-SULPICE, 7

1909

DU MÊME AUTEUR

Le Bréviaire Romain *(409-410)*. 2 vol., 184 pages.
 Prix .... **1 fr. 20**
Les Lectionnaires *(463-464)*. 2 vol. Prix... **1 fr. 20**
Les Evangéliaires *(465-466)*. 2 vol. Prix... **1 fr. 20**
Notions générales de liturgie *(479)* .... 1 vol.

MÊME SÉRIE

IMPRIMATUR :

† Fernand Cabrol.
9 août 1908.

IMPRIMATUR :
Parisiis, die 4 sept. 1908.
P. Fages, v. g.

INTRODUCTION

Le mot *dédicace* n'eut pas tout d'abord, dans le langage ecclésiastique, la signification que nous lui donnons aujourd'hui, parce que le rite désigné actuellement sous ce mot se forma peu à peu. Primitivement, dans l'antique liturgie romaine, il semble bien que toute la cérémonie consistait dans la consécration d'un autel dressé sur le tombeau d'un martyr et dans la célébration solennelle de la messe sur cet autel. Dédier un temple *(dedicare)* était l'inaugurer en l'appliquant pour la première fois à l'usage auquel il était destiné. C'est ce que saint Augustin appelle l'*encænia festivitas* (Ἐν Χαινόω), *proprement*, initier, placer un objet dans l'endroit qui lui est destiné (1). L'événement attirait souvent un concours considérable de fidèles, on faisait suivre la cérémonie d'un repas et sous prétexte d'honorer la mémoire des martyrs *(dies dedicationis* vel *natalitius sanctorum martyrum)* on tomba dans les excès et désordres des païens qui avaient leurs anniversaires marqués par des sacrifices : il fallut réprimer ces abus des dédicaces (2).

En Gaule et ailleurs, il y eut bientôt un rite spécial, occasionné par la transformation de temples païens

(1) Voir Du CANGE, *Glossarium*, t. III, p. 263. — Le mot *encænia* se trouve avec ce même sens dans Quintilien et Papias ; le passage de saint Augustin est au tract. 48 in Joan. P. L., t. XXXV, col. 1741 et se lit au Bréviaire le mercredi de la semaine de la Passion. On trouve aussi le mot dans saint Isidore, *de Ecclesiasticis officiis*, lib. I, c. 36, P. L., t. LXXVII, 777. Voir également ALCUIN, *Comment in Joan.*, P. L., t. C, col. 801.

(2) Voir dans Saint Grégoire le Grand, *Homil. XIV in Evang.* P. L., t. LXXVI, col. 1130, une allusion à ces concours de peuples, et dans ses lettres Epist. 76 du livre XI, t. LXXVII, col. 1215, une plainte au sujet de ces abus.

en églises catholiques, on procédait d'abord à des purifications préalables. Bientôt le même rite de purification s'étendit aux nouvelles églises et on y joignit des onctions tant pour l'édifice tout entier que pour l'autel. C'est le rite de la consécration ou dédicace des églises ; plus tard fut instituée une cérémonie plus simple pour les oratoires ou même pour les grandes églises dont on ne pouvait pas faire immédiatement la consécration : ce rite désigné sous le nom de Bénédiction des églises ne rentre pas dans la présente étude.

La consécration ou dédicace des églises peut se définir : une action sainte ou plutôt un ensemble d'actions saintes et solennelles, déterminées par l'Eglise et dont l'effet est de rendre un édifice, sacré de profane qu'il était, dédié pour toujours à Dieu et à son culte, par un ministre légitime, afin que dans cet édifice on puisse accomplir les fonctions divines et ecclésiastiques (1).

On donne aussi le nom de dédicace à la fête anniversaire dont l'objet est de commémorer l'acte de consécration ; le mot se prend alors comme abréviation de l'expression *Anniversaire de la Dédicace.* C'est le sens qu'il faut attacher aux expressions suivantes du calendrier ecclésiastique : *Dédicace de la basilique du Saint-Sauveur* (9 novembre) ; *Dédicace de la basilique de Saint-Pierre et de Saint-Paul* (18 novembre), etc. C'est là un sens dérivé du mot, dont la raison d'être est dans le rite qu'on se propose de décrire ici (2).

---

(1) Voir GASPARRI, *Tractatus canonicus de sanctissima Eucharistia,* t. I, p. 98. Par consécration d'église, on a entendu dès les premiers âges, la mise à part d'un édifice pour le soustraire aux usages profanes et y exercer les actes du culte divin. Les protestants eux-mêmes admettent cette notion : SMITH, *Dictionary of Christian Antiquities,* l'emprunte à FERRARIS, *Prompt. Bibliotheca ritualis* ; voir aussi BINGHAM ; *Antiquities of the Christian Church.,* t. VIII, p. 171.

(2) Remarquez que la célébration de ces anniversaires est aussi ancienne que la pratique de consacrer les églises et bien antérieure à notre rite

L'opuscule comprendra deux parties :

PREMIÈRE PARTIE : **Le développement historique du rite de la Dédicace.**

DEUXIÈME PARTIE : **Les règles canoniques et liturgiques du rite de la Dédicace et son symbolisme.**

PREMIÈRE PARTIE

Le développement historique du rite de la Dédicace.

Pour arriver à se rendre un compte au moins approximatif du rite actuel de la dédicace dans la liturgie romaine, il importe de l'étudier : 1° dans ses origines primitives ; 2° dans le développement qu'il prend à travers les anciens Sacramentaires ; 3° dans les attestations que fournissent les liturgistes du moyen âge et quelques documents du XVe siècle. De là, trois chapitres.

—o—

CHAPITRE PREMIER
Les origines du rite romain de la Dédicace des églises.

I. Existence des églises du Ier au IVe siècle. — Il faut, tout d'abord, dire un mot des églises au commencement du christianisme. — Dès les temps apostoliques et pendant les premiers siècles, les fidèles eurent leurs lieux de réunions, mais on ne voit pas qu'il fut ques-

actuel de la Dédicace. — On rattache l'origine de cette solennité à la pratique des Juifs, pratique à laquelle Notre-Seigneur voulut se conformer. (S. Jean, X, 22.) Voir Saint Grégoire de Nazianze, *Orat.* 44, P. G., t. XXXVI, col. 607.

tion d'en faire la dédicace par un rite quelconque ;
La situation du christianisme pendant l'ère des persécutions ne permettait guère de donner aux sanctuaires un caractère de fixité et de stabilité. Les
premières assemblées chrétiennes se tinrent dans les
maisons particulières (sortes d'*églises domestiques*),
dans la partie supérieure à laquelle on donnait le
nom de cénacle (*cœnaculum*) (1). Le nombre des dis-
ciples venant à s'accroître, on adapta, même au
Ier siècle, diverses parties de la maison, distinctes du
cénacle, à la célébration de la liturgie (2). Aux temps
des persécutions, les chrétiens, cédant à la nécessité,
firent leurs réunions dans les cimetières *(in quibus-
dam cubiculis et quasi capellis)* ; ce qui devint une
pratique commune au IIIe siècle, dit M. de Rossi (3).
Même au second siècle, comme le témoignent les
découvertes faites au cimetière de Calixte et au
cimetière de Sainte-Priscille, il existait des chambres
dites des Sacrements *(cubicula sacramentorum)* avec
décorations et peintures murales symbolisant l'auguste
sacrifice de nos autels (4). Enfin, il n'est pas témé-
raire de penser que, même à l'époque des persécutions,
il y avait quelques églises ou oratoires en dehors des
cimetières. Tertullien, dans ses écrits (5) parle assez
fréquemment de l'église, de la maison de Dieu, comme
lieu de réunion des fidèles.

Le premier exemple certain de l'existence d'une
église chrétienne remonte à l'époque de l'empereur

(1) Voir, par ex., ce qui est écrit au livre des *Actes des Apôtres*,
ch. I, 13 ; chap. XX, 8.

(2) Mgr Duchesne, *Origines du culte chrétien* ; 2e édition, Paris, 1898,
ch. XII, p. 385-386.

(3) De Rossi, *Roma sotteranea*, t. III, liv. III, chap. XIII, p. 478.

(4) Voir Marucchi, *Eléments d'Archéologie chrétienne*, t. I. Mgr Wil-
pert, *La Fractio panis*, ch. V, p. 27-29.

(5) Voir, par ex., *De idolalatria*, cap. VII ; *De Virginibus velandis*,
cap. III ; *De pudicitia*, cap. IV. P. G., t. I, col. 745 ; II, col. 958, 1038.

Alexandre Sévère (222-235). Lampridius dit que les chrétiens achetèrent un édifice public et en firent une église, que des cabaretiers prétendirent en revendiquer la possession, mais que l'empereur l'adjugea aux chrétiens (1). Quelques années plus tard, l'empereur Galliénus, ayant accordé la paix aux églises (260), fit restituer aux évêques les lieux consacrés au culte : le rescrit se lit dans Eusèbe (2). En 272, Aurélien en agit de même vis-à-vis de la communauté d'Antioche en communion avec Rome, après avoir fait évincer l'hérétique Paul de Samosate (3). A l'époque de la persécution de Dioclétien (303), on ordonna la destruction des églises chrétiennes, preuve manifeste qu'il en existait auparavant (4). L'édit de Milan, en 313, fit restituer aux communautés chrétiennes, les églises qui subsistaient : s'il faut en croire saint Optat, il y en avait plus de quarante dans la seule ville de Rome (5). Constantin lui-même en construisit un certain nombre soit à Rome, soit à Jérusalem ou ailleurs, puis il transforma aussi des temples païens en églises catholiques (6).

II. Consécration des Eglises : le fait et le rite. — 1. *Le fait.* — Manifestement les Juifs avaient un rite de consécration pour le temple de Jérusalem et antérieurement pour le tabernacle que Moïse établit

---

(1) LAMPRIDIUS, *In Alexandrum Severum,* n° 49 ; *Historiæ Augustæ,* Script. VI. Lugduni, 1671, t. I, p. 1003.

(2) EUSÈBE, *Histoire Ecclésiastique,* lib. VII, ch. XIII. P. G., t. XX, col 673.

(3) Item., col. 676.

(4) EUSÈBE, *Histoire Ecclésiastique,* lib. VIII, ch. I, P. G., t. XX, col. 740-744.

(5) *De schismate Donatistarum,* lib. II, n° 4. P. L. t. XI, col. 954.

(6) Voir *Liber Pontificalis,* édit Duchesne, t. I, p. CLII et 191 : *Vita sancti Sivestri.* — Eusèbe parle de trois basiliques construites par Constantin à Jérusalem. *De vita Constantini,* lib. III, cap. XXV-LVIII. P. G., t. XX, col. 1086. De même l'*Itinerarium Burdigalense* (anno 333).

d'après le plan donné par Dieu. La consécration du tabernacle est exposée au livre de l'Exode, XL, 15-36 ; celle du temple de Salomon, au III⁰ livre des Rois, VIII. Au livre d'Esdras, VI, 16, est mentionnée la dédicace du temple reconstruit après la captivité ; sous Judas Machabée s'accomplit une nouvelle dédicace (I Mach., IV, 41-44 et 54-59). L'historien Josèphe signale la dédicace du temple d'Hérode. Il est à croire que les chrétiens, aussitôt qu'ils le purent, s'inspirèrent de ces rites pour sanctifier leurs lieux de réunion : la difficulté est d'assigner une origine précise et déterminée aux cérémonies de la dédicace telles qu'on les voit pratiquées plus tard. On n'ose guère, comme l'ont fait certains auteurs, attribuer au pape saint Evariste (112-121) l'institution d'un rite de consécration des églises ; l'interprétation dans ce sens du mot *titulos (loca Deo dicata)* qu'on trouve dans sa légende paraît bien problématique (1). Il faut arriver au commencement du IV⁰ siècle pour rencontrer des documents qui attestent le fait de la dédicace ou consécraton des églises. Eusèbe nous parle de la dédicace de l'église de Tyr célébrée en 314, et il a inséré dans son *Histoire ecclésiastique* (2), le discours qu'il fit à cette occasion : il fait aussi mention de la dédicace de l'église construite à Jérusalem par Constantin. Le même événement est attesté par les historiens, Socrate et Sozomène (3). Il paraît même que la consécration était alors considérée comme nécessaire pour qu'on pût célébrer les saints mystères et tenir des assemblées dans les édifices. En 356, saint Athanase eut à se défendre près de l'empereur Constance pour n'avoir pas observé cette pratique (4).

(1) Les auteurs en question sont mentionnés dans BONA, *Rerum Liturgicarum,* t. II, p. 71. Sur l'interprétation, on peut consulter les *Acta Sanctorum.* Bolland., octob., t. XI, p. 801.
(2) P. G., t. XX, col. 845 et 1194.
(3) P. G., t. LXVII, col. 158 et 1007.
(4) Voir son *Apologia ad Constantium.* P. G., t. XXV, col. 612.

2. *Le rite.* — Il est bon de remarquer dès maintenant avec le Bienheureux Tommasi (1) que le rite de la consécration des églises était primitivement d'une très grande simplicité. — *a)* Souvent, il s'accomplissait sans reliques : ce qui avait lieu surtout pour les édifices construits dans l'enceinte des cités. Alors, au témoignage d'Eusèbe (2), on réunissait un assez grand nombre d'évêques, on prononçait des discours, on récitait des prières:encore celles-ci se réduisaient-elles à la célébration d'une messe solennelle pendant laquelle se disaient des oraisons adaptées à la circonstance. Une lettre du pape Vigilius (3) adressée en 538 à l'évêque de Braga, Profuturus, l'atteste expressément : il importe de donner ici la traduction du passage qui en a été extrait pour être consigné plus tard dans le *Décret de Gratien* (*De fabrica*, 24 dist. 1, *De consecratione*) : « Pour la consécration d'une église dans laquelle on ne place pas de reliques *(sanctuaria)* (4), nous savons que la solennité consiste seulement dans la célébration de la messe : en conséquence, dans le cas où une basilique a été reconstruite jusque dans ses fondements, sans aucun doute comme on a célébré dans cet endroit la messe solennelle, toute la sanctification de la dédicace se trouve accomplie. Si les reliques que possédait l'église ont été enlevées, c'est par leur reposition et la célébration de la messe qu'elle recevra le bénéfice de la sanctification. La simplicité du rite de la dédicace ressort également du

____

(1) Tommasi, *Opera* t. VI, p. 107, note 2.

(2) Loc. cit. Voir aussi D. Martène, *De antiquis Ecclesiæ ritibus*, lib. II, cap. XIII, t. II, p. 240.

(3) Voir P. L. t. LXIX. col. 18.

(4) Nous adoptons ici la leçon Colbert ; le mot *sanctuaria* reparaît d'ailleurs quelques lignes plus bas. — Sur le sens de reliques donné à l'expression *sanctuaria*, on peut voir des passages des Lettres de saint Grégoire le Grand. P. L., t. LXXVII, col. 542, 548, 813, 832, 909, 964.

silence des plus anciens *Ordines Romani ;* tandis qu'ils nous donnent le rite des autres offices sacrés, ils ne disent rien de la dédicace des églises (1). La pensée du pape Vigilius s'éclaire de ce fait que les églises furent souvent construites sur les tombeaux ou près des tombeaux des martyrs : de là l'emploi du mot *martyrium* (dont les Latins ont fait : *confessio, memoria*) pour les désigner. Eusèbe distingue avec soin ces églises des autres et la même distinction se lit dans les actes du concile de Chalcédoine (2) tenu en 451. Ce même fait donne la raison pour laquelle on ne s'occupait point de trouver des reliques pour la consécration des églises : elles étaient toutes trouvées, et pour célébrer les saints mystères on n'estimait pas de lieu plus digne que le tombeau des martyrs. Saint Jérôme fournit au sujet de cette pratique un témoignage assez manifeste quand il dit sur un ton ironique à Vigilance : « Alors, d'après vous, le Pontife romain fait mal d'offrir des sacrifices à Dieu sur les ossements vénérables d'hommes morts, comme sont Pierre et Paul, et de faire de leurs tombeaux les autels du Christ (3). »

b) La pratique de Rome paraît assez dans ce texte du saint Docteur. Mais la difficulté était d'avoir des corps entiers de martyrs pour chaque nouvelle église que l'on construisait : saint Ambroise, dans une lettre à sa sœur Marcelline, nous explique l'embarras où se trouvaient les évêques pour la consécration des églises : « Je vous dirai aussi que nous avons trouvé des saints martyrs (il s'agit de l'invention des corps des saints Gervais et Protais). Car pendant que je faisais la dédicace de la basilique (nouvelle église construite

---

(1) On peut s'en rendre compte en les parcourant dans P.L., t. LXXVIII, col. 851.

(2) EUSÈBE, P. G., t. XX, col. 1108.

(3) P. L., t. XXIII, col. 346.

par les soins du saint évêque, et qu'on appela plus tard la *basilique ambrosienne*), beaucoup des assistants se mirent à m'interrompre en me disant tous d'une même voix : Faites la dédicace comme vous avez fait pour la basilique romaine. » — Je répondis : « Je le ferai, si je trouve des reliques de martyrs (1). »

Le saint évêque continue sa lettre, en racontant l'invention des reliques qui tenait du prodige ; il parle de la translation faite dans la basilique de Fausta où s'accomplirent les vigiles nocturnes, puis de la reposition dans la nouvelle basilique.

La fin de la lettre est comme un écho de l'allocution que saint Ambroise prononça en cette circonstance ; il y donne ce détail intéressant : « Je m'étais préparé ce lieu pour me servir de sépulture ; car il convient que le prêtre repose là où il a eu coutume d'offrir le saint sacrifice ; mais je cède la partie de droite aux saintes victimes, c'est la place due aux martyrs. Ensevelissons donc ces reliques saintes, mettons-les dans un édifice digne d'elles, et passons tout le jour à leur donner des marques de notre confiante dévotion. » — La conduite de saint Ambroise s'explique par le scrupule que l'on éprouvait à exhumer les corps des saints martyrs ; les lois ou les usages de l'époque n'autorisaient guère de telles exhumations : c'était une bonne fortune quand on pouvait obtenir pour une église la translation d'un corps entier. Saint Augustin nous l'atteste à l'occasion de l'autel qu'il érigea sur le corps de saint Cyprien, et un peu plus tard quand il vit une basilique érigée sur les reliques

(1) P. L., t. XVL, col. 1062. Il y a quelques variantes dans le texte. D'autres croient pouvoir expliquer la parole de l'assemblée : Faites la dédicace comme elle se pratique à Rome. On préfère dire ici que saint Ambroise avait précédemment consacré une basilique près de la *porte Romaine*, et qu'il y avait fait la reposition des reliques. (Note de l'annotateur de Migne).

du premier martyr saint Etienne (1) (vers l'an 425).

« C'était moins un autel élevé à l'honneur du martyr, qu'un autel élevé à Dieu sur les reliques du martyr », comme s'exprime le saint évêque d'Hippone.

La pratique observée par saint Ambroise et saint Augustin l'était également ailleurs : pour ne citer qu'un exemple ou deux, saint Paulin de Nole plaça des reliques dans l'autel de la *Basilica Fundana* ; saint Gaudentius, évêque de Brescia, au vᵉ siècle pour faire la dédicace de son église se procura beaucoup de reliques, et put accomplir la cérémonie devant un grand nombre d'évêques (2). Saint Césaire d'Arles, dans les Gaules devait aussi connaître cet usage (3). — Il paraît même qu'en face de la difficulté de trouver des reliques, on se contenta de mettre dans le tombeau de l'autel, non les ossements des saints martyrs, mais des linges qui avaient touché leurs corps ou qui avaient été trempés dans leur sang (4). Pour les églises dédiées avec reliques, le rite, comme on le verra plus tard, comportait une translation de reliques, une reposition dans le sépulcre de l'autel préparée par des aspersions et des onctions, puis la célébration de la messe.

c) Au v1ᵉ siècle, la coutume vint de ne plus consacrer d'église sans déposer dans l'autel des

(1) P. L., t. XXXVIII, col. 1425, 1438 ; et t. XLI, col. 768, *De Civitate Dei*, lib. XXII, cap. VIII.

(2) Le discours qu'il prononça en cette circonstance est dans P. L., t. XX, col. 960.

(3) Pour saint Paulin, voir P. L., t. LXI, col. 338. Pour saint Césaire d'Arles, on en a la preuve dans plusieurs sermons de Dédicace qui ont été placés dans l'appendice des sermons de saint Augustin mais qui doivent être restitués à saint Césaire, par exemple le serm. 229 (P. L., t. XXXIX, col. 2166), qu'on lit en partie dans les leçons du Bréviaire Romain pour la fête de la Dédicace. Voir dans la *Revue Biblique*, a. 1895, p. 593, un article de M. Lejay sur cette restitution.

(4) Mgr DUCHESNE. *Origines du Culte chrétien*, ch. XII, 2ᵉ édit., p. 388. Voir aussi dans SMITH, *Dictionnary of Christian antiquities*, le sens donné au mot *Brandeum*.

reliques de martyrs. Saint Grégoire le Grand, comme on le voit dans ses lettres, semble tout préoccupé d'en assurer l'observance, surtout lorsqu'il s'agit de transformer en église les temples païens ou hérétiques. Le livre de ses dialogues parle d'une église arienne désignée sous le nom de *Suburra*, et que l'on consacra en plaçant dans l'autel les reliques de saint Sébastien et sainte Agathe. Ecrivant à Jean, évêque de Surrente, il lui recommande, pour la consécration de l'église des moines de Caprée, de faire la reposition solennelle des reliques. Dans une lettre de Mellitus qui devait rejoindre en Angleterre le moine Augustin, il dit : « Les temples païens ne doivent pas être détruits, vous ferez disparaître les idoles qui s'y trouvent. Qu'on fasse de l'eau bénite pour asperger ces temples, qu'on y construise des autels, et qu'on y place des reliques (1). » L'annotateur de l'historien Grégoire de Tours dans Migne donne quelques détails intéressants sur la pratique de la dédicace au vi^e siècle. Palladius de Saintes reçoit des éloges de Fortunat pour avoir construit une église en l'honneur de saint Etienne, puis une autre en l'honneur des saints Pierre et Paul, Laurent et Pancrace. Dans cette dernière église, il y avait jusqu'à treize autels, quatre d'entre eux ne purent être consacrés, parce qu'on n'avait pas de reliques à y déposer. Toutefois, avant le viie siècle, et même avant le viiie, on ne voit pas de loi canonique générale prescrivant la reposition des reliques pour la consécration des églises, les textes du Concile d'Agde (an. 5o6) can. 14, et du Concile d'Epaone (an. 517) can. 20, parlant de la consécration des autels prescrivent l'onction du *saint*

____

(1) Voir P. L. t. LXXVII, pour le passage des *Dialogues*, col. 288 ; la lettre à Jean de Surrente, lib, I, ep. 54, col. 516 ; la lettre à Mellitus lib. XI, ep. 76, col. 1215. P. L., t. LXXI, col. 479.

chrême (1). Le deuxième concile de Nicée (an. 787) prescrit de faire la reposition des reliques avec les prières accoutumées dans les églises qui auraient été consacrées sans reliques de martyrs, et dit qu'à l'avenir, un évêque consacrant une église sans reliques sera déposé (2).

Ainsi cette première période qui va jusque vers la fin du VIIe siècle nous présente pour le rite de la dédicace, la célébration de la messe, quelques aspersions et onctions, la reposition des reliques, non pas cependant d'une façon uniforme pour les diverses régions (3).

—o—

CHAPITRE II

Le développement du rite de la dédicace dans les Sacramentaires.

En se servant des indications répandues çà et là dans les écrivains des premiers siècles, il est difficile d'établir l'ordre suivi dans la cérémonie de la dédicace. D'ailleurs les rites devaient varier selon les régions : la substance de l'acte, séparation de l'usage profane

(1) MANY, *De locis sacris*, p. 196 et 197.

(2) MANSI, *Collectio Conciliorum amplissima*, t. XIII, col. 751. On peut voir dans SMITH, *Dictionnary of Christian antiquities*, une longue série de Conciles généraux ou particuliers, qui du Ve au IXe siècle, édictent des règlements pour la dédicace des églises.

(3) L'Orient semble avoir connu de bonne heure les onctions pour la consécration des églises et des autels et même la reposition des reliques. Voici ce qu'on lit dans GOAR, *Rituale Græcorum ; officium in dedicatione templi*, p. 663 : « Les saintes reliques sont placées dans le tombeau de l'autel qui a été préparé... on y fait une onction et on scelle le couvercle » ; et plus loin, p. 671 : « Il y a une différence considérable entre les églises consacrées par des prières et la célébration du sacrifice (i. e. *per encænia*), et la reposition des reliques sur l'autel (i. e, *per inthronizationem*), où l'on fait l'onction du saint chrême. Cet usage des onctions, dit MANY (*De locis sacris*, p. 27), paraît avoir été plus ancien en Orient qu'en Occident.

et application au culte divin par une sorte d'inaugu-
ration, de premier commencement, devait se retrouver
partout. « Je tiens pour certain, dit Daniel, que dès
les premiers temps, on célébra une messe propre de la
Dédicace, et que vraisemblablement on y ajouta quelques formules de bénédictions, comme on en trouve
dans les Sacramentaires gélasien et grégorien (1). »
Binterim conteste ce dernier point. Mais ces deux
auteurs s'accordent à dire que notre rite actuel remonte
à peine au VIIIe siècle.

Maintenant si l'on compare les cérémonies de la
consécration des églises à la fin du VIIe siècle, avec
celles qui se trouvent dans le Pontifical romain actuel,
on trouve qu'un grand développement s'opéra dans
la suite des siècles. Il ne paraît pas possible de suivre
de près ce développement : il est permis toutefois de
demander quelques éclaircissements aux anciens
Sacramentaires qui s'échelonnent entre le VIIIe et le
XIIIe siècle, mais comme il se trouve des différences
suivant que ces documents appartiennent au rite
romain, ambrosien, gallican, celtique ou mozarabe,
on étudiera dans un premier article ce que chacune
de ces ramifications de la liturgie latine fournit sur la
consécration des églises, et dans un second article on
essaiera d'établir ce que produisit leur fusion.

ARTICLE I. — LE RITE DE LA DÉDICACE
DANS LES SACRAMENTAIRES DE LA LITURGIE LATINE.

I. Liturgie romaine. — On sait que les plus anciens livres liturgiques latins se ramènent à trois
groupes, désignés sous les noms de Sacramentaire
léonien, gélasien et grégorien : le premier ne nous

___

(1) DANIEL : *Codex Liturgicus Ecclesiæ universæ*, t. I, p. 355. BINTE-
RIM : *Denkwürd*, IV, I, 27.

donne qu'une messe de dédicace (1) et garde le silence
sur les rites et formules de la consécration de l'église
qui devait avoir lieu avant la messe. Les publications
qu'on a données du Sacramentaire gélasien et grégorien ont été plus ou moins surchargées d'usages gallicans : on peut considérer comme purement romaine
la publication que le B. Tommasi a donnée sous ce
titre : *Liber sacramentorum Romanæ Ecclesiæ* (2). De
ce document il faut rapprocher ce que Mgr Duchesne
appelle : *a)* l'*Ordo de Vérone,* un Sacramentaire retrou-
vé dans la bibliothèque du chapitre de cette ville, publié tout d'abord par Bianchini, puis par Muratori (3) ;
b) le manuscrit de Saint-Amand jusque-là inédit, mais
dont Mgr Duchesne donne les *Ordines Romani* en
appendice de son volume (4). — Le Rev. W.-H. Frère
joint à ces documents une collection d'*Ordines
Romani* en usage à Besançon au xie siècle, estimant
que cette collection est purement romaine (5).

Résumons ces documents : 1° Le Sacramentaire
publié par Tommasi renferme : *a)* une oraison pour
la dédicace de la basilique nouvelle : *Deus qui loca
nomini ; b)* une autre pour la consécration : *Deus
sanctificatorum ; c)* une autre sur l'eau et le vin qui
doivent servir à la lustration de l'autel : *Creator et
conservator ; d)* la préface de la consécration de

<hr>

(1) Voir MURATORI, *Liturgia Romana vetus*, dans P. L., t. LV, col. 33.

(2) Au t. VI de ses Œuvres, p. 3 et seq. — Le ms. dont il s'est
servi est de l'époque mérovingienne (VIIIe siècle) et porte le n° 316 du
fonds de la Reine de Suède au Vatican. Muratori l'a donné aussi après
lui, P. L., t. LXXIV, col. 1055. Voir DELISLE, *Mém. sur d'anciens
Sacramentaires*, p. 66.

(3) Mgr DUCHESNE, *Origines du culte chrétien* ; 2e édition, p. 390
et 129 Leop. DELISLE, (*Anc. Sacrament.* p. 65), le considèrent comme
du VIIe siècle.

(4) Voir Mgr DUCHESNE, *Origines du culte chrétien*, 2e édition, p. 461 :
Incipit ad reliquias levandas sive deducendas seu condendas. Extrait
du *Parisinus*, n° 974, du IXe siècle.

(5) W.-H., FRÈRE, *Pontifical services, with descriptive notes and a
liturgical introduction.* — Alcuin Club, Collection III, in-folio, London.

l'autel ; *e)* une assez longue rubrique parle de la lustration de l'autel, des sept aspersions, du reste de l'eau lustrale répandu à la base et de l'encens qu'on offre sur l'autel ; *f)* la bénédiction de l'autel par la prière *Dei Patris omnipotentis,* et sa consécration ; *g)* D. *in cujus honorem ; h),* le tout se termine par les prières pour la bénédiction des linges, la consécration de la patène et du calice, la bénédiction des autres objets à l'usage de la basilique (1).

Il n'est pas question de reliques en cet endroit, mais une formule de convocation insérée ailleurs sous ce titre : *Denuntiatio cum reliquiæ ponendæ sunt martyrum* (2), donne à penser que la reposition des reliques avait lieu à un autre moment, et les nombreuses antiennes insérées dans l'Antiphonaire grégorien sous cette rubrique : *Ad reliquias deducendas* (3) nous font connaître que la translation s'en faisait avec une grande solennité.

2° Les deux autres documents, d'après Mgr Duchesne et M. W. Frère, décrivent au fond la même cérémonie qui est purement romaine : ce sont deux formes qui se suppléent, l'une donnant les pièces de chant, l'autre les prières prononcées par le célébrant : il y est question, à peu près exclusivement, de la translation des reliques : *a)* l'évêque et le clergé vont au lieu où sont les reliques *(sanctuaria)* ; le chœur chante un répons, la litanie, l'évêque récite une oraison, porte lui-même les reliques enveloppées d'un voile de soie. Pendant le parcours de la procession, on chante l'antienne *cum jucunditate* et un psaume ; on reprend la litanie en approchant de l'église ; *b)* l'évêque laisse les reliques entre les mains de quelques prêtres, pénètre dans l'église avec deux ou trois

(1) TOMMASI, t. VI, p. 107-109.
(2) ITEM, p. 127.
(3) TOMMASI, t. V, p. 237-238.

clercs, fait l'exorcisme de l'eau, y mêle quelques gouttes du saint chrême, prépare le mortier, procède à la lustration de l'autel, sort et termine la litanie par une deuxième oraison, puis il asperge le peuple avec le reste de l'eau lustrale ; *c)* l'évêque prend ensuite les reliques, entre dans l'église suivi de tout le peuple, au chant d'une troisième litanie qui se termine par une troisième oraison. Le chœur chante une antienne, l'évêque s'avance seul vers l'autel où il dépose les reliques, fait des onctions de saint chrême aux quatre murs du sépulcre, ferme la cavité, scelle la pierre, récite une oraison et fait de nouvelles onctions sur la pierre ; *d)* on couvre alors l'autel, l'évêque reprend le vêtement *(planeta)* qu'il avait quitté pour la reposition des reliques, récite une dernière oraison, bénit les linges et vases sacrés qu'on lui présente ; *e)* il se rend ensuite au *Sacrarium,* où en bénissant un cierge allumé il bénit tout le luminaire de l'église qu'on allume aussitôt et la messe commence. — Un rituel postérieur ajoutera aux onctions de l'autel les fumigations d'encens. Dans l'*ordo* de Vérone, on mentionne à la fin l'aspersion de l'église ; c'est peut-être *une interpolation* (1).

II. Liturgie ambrosienne. — Si l'on tient compte des citations de saint Ambroise données dans le chapitre précédent, on conçoit que, du temps de ce saint évêque, la consécration des églises pouvait comporter ou ne pas comporter la reposition des reliques. Que fut cette cérémonie à Milan dans les âges qui suivirent ? Nous le demanderons à deux documents : *a)* un *Pontifical de l'Eglise de Milan* publié par Magistretti (2)

---

(1) Duchesne, ouvr. cité, p. 291-393.

(2) Magistretti, *Pontificale in usum Ecclesiæ Mediolanensis, necnon ordines ambrosiani ex Codicibus sæc. IX-XV,* in 8°. Milano. 1897. Voir pp. xix et xxi de la préface. Cf. ce qu'en dit W. Frère, ouvr. cité p. 46.

nous renseigne sur ce rite, entre le IXe et le XVe siècle ; le document paraît admettre la correction grégorienne mais a conservé des particularités qui le rattachent de plus près au Sacramentaire soit léonien, soit gélasien ; d'autre part on lui a trouvé des affinités avec le *Pontifical d'Egbert*, un manuscrit gallican du Xe siècle qui serait la copie d'un document anglais du VIIIe siècle ; *b)* un *Ordo* évidemment ambrosien et milanais, découvert et publié par Mercati (1) ; ce document donne le moyen de décrire avec plus de sureté l'ancien usage milanais.

Il est permis de reconnaître dans la liturgie ambrosienne un double rituel pour la dédicace des églises : le *rituel baptismal* et le *rituel funéraire*. — Au rituel baptismal se rattachent : 1º la cérémonie de l'alphabet ; 2º la lustration de l'autel, des murs de l'église avec une oraison et la prière eucharistique (ou préface) ; 3º l'onction de l'autel et de l'intérieur de l'église avec un invitatoire et une oraison ; 4º la bénédiction des objets du culte.

L'*Ordo* de Mercati fournit des détails plus complets sur ces divers points : 1º il y a une aspersion extérieure sur les murs, signe de croix sur la porte avec l'extrémité de la crosse, des onctions faites sur les murs avec l'huile sainte, on suspend aux murs des cierges allumés, on chante les psaumes L et LVI et l'on entre dans l'église ; 2º à l'intérieur, les mêmes cérémonies se répètent et dans le même ordre, on trace par terre l'alphabet sur la cendre, on chante le psaume CXVIII qui est alphabétique dans l'hébreu, on dit des oraisons et la prière eucharistique *Deus sanctificationum* ; 3º alors a lieu la lustration des autels suivie d'oraisons ; 4º on bénit ensuite les fonts, le saint chrème et l'huile, ce qui peut être considéré

____

(1) MERCATI, *Antiche reliquie liturgiche ambrosiane e romane*, in-8º, Romæ, 1902.

comme un complément de la cérémonie. Ce rituel, on le voit, est exclusivement baptismal ; il ressemble à celui des livres gallicans, mais paraît mieux ordonné (1).

III. Liturgie gallicane. — La reconstitution du rituel de la dédicace suivant l'ancien usage gallican est une tâche délicate, car les documents dans lesquels il se présente à nous sont d'ordinaire une combinaison du romain et du gallican, ce que M. W. Frère appelle un *Ordo composite*. On tâchera d'écarter pour le moment tout ce qui revêt ce caractère mixte.

1° *Les documents.* — *a)* Un concile d'Orléans, tenu en 511, donne à entendre qu'il existait au VIᵉ siècle un *Ordo gallican,* mais où en retrouver la trace ? Il y a quelques chances d'en avoir une reproduction plus ou moins fidèle dans un ancien commentaire d'un Rituel de la dédicace qu'a publié D. Martène et qu'il attribue à Remi d'Auxerre (de la fin du IXᵉ siècle). De fait, ce commentaire est en harmonie avec un *ordo du ms. de Vérone* de la même époque, publié par Bianchini (2). — *b)* Le *Sacramentaire d'Angoulême,* dont Mgr Duchesne donne un extrait en appendice de ses *Origines du Culte* est, au jugement de Leop. Delisle, ou du VIIIᵉ siècle ou du commencement du IXᵉ, et contient à propos de la dédicace un *Ordo* semblable pour le fond au rituel de Remi

(1) Voir *Dictionnaire d'Archéologie chrétienne et de liturgie.* Rite ambrosien, t. I, col. 1438-1439. — M. Mercati a établi une comparaison entre ce rite et l'ancienne cérémonie irlandaise dans le *the Lebar Brece tractate on the consecration of a church,* XIᵉ siècle. M. W. Legg atténue les conclusions tirées de cette comparaison.

(2) Cette remarque de Mgr. DUCHESNE, *Origines du culte,* p. 394, a été reproduite par W.-H. Frère ouvr. cité, p. 7, à l'endroit où il expose son second type de rituel de la dédicace, sous la dénomination de type Gélasien (d'après les mss de Vérone et Zurich, publiés par Bianchini et Gerbert). — Le Commentaire de Remi d'Auxerre est dans P. L., t. CXXXI, col. 845.

d'Auxerre (1). — *c)* Le *Sacramentaire de Gellone*, ms de la seconde moitié du VIIIe siècle, a les mêmes formules, et l'on retrouve enfin des traces de celles-ci dans le *Missale Francorum* (2). — *d)* C'est enfin le cas du Sacramentaire de l'église de Metz, exécuté vers le milieu du IXe siècle, et dont Mgr Duchesne a également reproduit en appendice le rituel de la dédicace (3).

2° *Le Rituel de la Dédicace* d'après ces documents. — Comme il se présente un peu plus compliqué que dans les documents précédents, il est bon de donner les sous-titres dont l'accompagne Mgr Duchesne :

a) Entrée de l'Evêque et prières préparatoires. — L'église à consacrer est vide ; douze cierges y brûlent le long des murs ; un clerc s'y enferme pour l'ouvrir au moment voulu. L'Evêque vient frapper la porte du bout de sa crosse, disant l'antienne *Tollite portas* et le chœur chante le ps. XXIII, *Domini est terra.* La porte s'ouvre, l'évêque dit : *Pax huic domui,* va se prosterner pendant qu'on chante la Litanie ; puis, se levant, il récite la première oraison : *Magnificare Domine.*

b) La cérémonie de l'alphabet. — Sur deux lignes transversales marquées par de la cendre, l'évêque trace, du bout de son bâton pastoral les lettres de l'alphabet.

c) Préparation de l'eau lustrale. — Le pontife revient devant l'autel, dit : *Deus in adjutorium,* puis procède à la bénédiction de l'eau lustrale : exorcisme

---

(1) Sur le *Sacramentaire d'Angoulême*, n° 816 de la Bib. Nat., voir Léop. DELISLE, *Anciens Sacramentaires*, p. 91-96, et Mgr DUCHESNE, *Origines*, p. 467.

(2) Sacram. de Gellone n° 12048 de la Bib. Nat., voir Léop. Delisle p. 80. — Le *Missale Francorum* est dans les œuvres de Tommasi, t. VI, p. 364.

(3) *Sacramentaire de l'Eglise de Metz*, Bib. Nat. n° 9428, voir Delisle, p. 100.

et bénédiction du sel, de l'eau (Gellone place l'eau avant le sel et a une formule d'exorcisme du sel un peu différente); mélange des deux; mélange des cendres avec sel et eau; ensuite versant le vin, l'évêque dit l'oraison : *Creator et Conservator*.

d) Lustration de l'autel. — Avec son doigt trempé dans l'eau lustrale, l'évêque trace une croix aux quatre angles de l'autel, puis en fait sept fois le tour l'aspergeant avec un bouquet d'hysope. Pendant ce temps le chœur chante le ps. *Miserere*.

e) Lustration de l'église. — Avec son bouquet d'hysope, l'évêque fait le tour de l'église par trois fois, aspergeant les murs pendant que le chœur chante les trois psaumes L, LXVII et XC, *Miserere*; *Exurgat*; *Qui habitat*. Il envoie des clercs faire l'aspersion de l'église à l'extérieur. Puis il asperge le pavé, allant de l'autel à la porte, et formant une ligne perpendiculaire au milieu.

f) Prières consécratoires. — L'évêque, au milieu de l'église, dit successivement l'oraison *Deus qui loca nomini tuo*, et la prière eucharistique : *Deus sanctificationum omnipotens dominator*.

g) Onction de l'autel. — On chante l'ant. *Introibo*, et le ps. XLII *Judica me* ; l'évêque s'avance vers l'autel, répand au pied le reste de l'eau lustrale, encense l'autel, y fait trois séries d'onctions, au milieu et aux quatre coins, les deux premières fois avec l'huile bénite ordinaire, la troisième fois avec le saint chrême. Pendant ce temps le chœur chante : ant. *Erexit Jacob*, et Ps. LXXXIII, *Quam dilecta* ; ant. *Sanctificavit Dominus*, et ps. XLV, *Deus noster refugium* ; ant. *Ecce odor filii mei* et ps. LXXXVI, *Fundamenta*. — Pendant les onctions, un prêtre circule constamment autour de l'autel, balançant l'encensoir pour continuer ainsi la fumigation commencée par l'évêque.

h) Onction de l'église. — L'évêque va ensuite faire des onctions sur les murs, mais une fois seulement, avec le saint chrême.

i) Prières consécratoires. — Puis il revient à l'autel sur lequel il dispose de l'encens allumé en forme de croix. Pendant que l'encens brûle, il récite un invitatoire : *Dei Patris omnipotentis* et une prière consécratoire de type gallican : *D. O. in cujus honorem.*

j) Bénédiction des objets du culte. — Les sous-diacres apportent les linges, vases sacrés et objets servant à la décoration de l'église : l'évêque les bénit. Il y a des formules spéciales pour les linges, le calice, la patène, celle-ci est consacrée par une onction avec le saint chrême.

k) Translation des reliques. — L'évêque et le clergé quittent alors l'église, se rendent au lieu où sont exposées les saintes reliques. On les prend et on les transporte en chantant des hymnes de triomphe : *Ambulatis sancti Dei* ; le peuple pénètre dans l'église, mais quand l'évêque est entré dans le sanctuaire, un voile retombe derrière lui. Il procède seul à la déposition des saintes reliques et pendant ce temps, le chœur chante : *Exultabunt sancti in gloria,* puis le ps. CXLIX, *Cantate Domino...* Remi d'Auxerre signale ici l'oraison : *Deus qui omni coaptione sanctorum.* La cérémonie terminée, on célèbre la messe.

IV. Liturgies mozarabe et celtique. — Un mot sur les liturgies d'Orient. — Sous ce titre nous voulons réunir quelques notes recueillies çà et là pour montrer qu'il n'y a pas lieu de chercher ailleurs que dans les documents mentionnés plus haut des renseignements bien précis sur les origines du rituel romain de la dédicace.

Dans son édition du *Liber ordinum* (1), document de l'*église mozarabe* entre le ve et le xie siècle, Dom Férotin note l'absence du rite de la dédicace ; cependant, ajoute-t-il, la pratique de cette cérémonie était connue en Espagne comme on peut s'en convaincre par les textes canoniques et épigraphiques. D'autre part, le *Liber Comicus* (2) publié par Dom Morin, contient des leçons empruntées soit à l'Ancien Testament, soit au Nouveau, pour la fête de la dédicace, le *Bréviaire mozarabe* (3) a trois hymnes et un cantique pour cette même cérémonie. — A partir du xie siècle, Dom Férotin pense qu'à l'ancien rituel national pour la consécration des églises succéda un rituel apporté de France par les bénédictins de Cluny ; il mentionne plusieurs églises consacrées d'après ce rite nouveau, notamment la cathédrale de Tolède, le 18 décembre 1086.

Pour l'*église celtique,* nous n'avons guère plus de détails ; certainement le rite de la consécration des églises y fut connu d'assez bonne heure, et M. Warren (4) a pu établir que les sanctuaires celtes se partageaient en plusieurs classes au point de vue de leur dédicace : les uns consacrés aux saints du pays, avant l'existence des églises anglo-saxonnes, les autres consacrés à des saints marqués plus tard au calendrier anglo-saxon ou romain, d'autres enfin dédiés à saint Michel, dans la période qui s'écoule du viie au xe siècle. Mais en quoi consistait le

---

(1) *Monumenta Ecclesiæ liturgica,* t. V, le *Liber Ordinum,* col. 505 et 514. D'après une inscription du vi^e siècle mentionnée par Dom Férotin, col. 452, dans l'autel d'une basilique élevée en l'honneur de saint Étienne près de Zara en Andalousie, on déposa des reliques des saints martyrs Fructueux, Augurius et Euloge.

(2) D. Morin, *Liber Comicus,* p. 303-306.

(3) Voir P. L., t. LXXXVI, col. 913, 916 et 872.

(4) F.-E. Warren : *The liturgy and ritual of the Celtic church,* in-8. Oxford 1881. — Voir les pages 74, 57 et 60.

rite dédicatoire, il est difficile de le dire, le vénérable Bède (1), dans son *Histoire ecclésiastique* dit qu'on le faisait précéder d'un long jeûne, M. Warren a établi que ce rite devait différer de celui de Rome et n'est pas éloigné de penser qu'il avait plus d'un point de contact avec le rite gallican ; cet auteur constate en effet que les lettres de saint Grégoire le Grand à saint Augustin de Cantorbéry favorisent ce sentiment, qu'un bon nombre d'églises celtiques ont été placées sous le patronage des saints gaulois, comme saint Martin, saint Germain, saint Loup ; que des passages entiers de la liturgie gallicane se retrouvent dans le *missel de Stowe*.

Enfin, Mgr Duchesne (2) a été frappé de la coïncidence qui existe entre le rituel gallican et le rituel byzantin tel que l'a publié Goar. Un récit de Grégoire de Tours, au sujet de la dédicace d'un oratoire en l'honneur de saint Allyre donne l'ordre qui fut suivi pour la cérémonie : la nuit précédente, les reliques furent veillées à la basilique de Saint-Martin ; le matin, l'évêque (Grégoire de Tours lui-même) consacra l'autel à l'oratoire ; puis il revint à la basilique pour y prendre les reliques et les transporter en procession au lieu préparé pour les recevoir (3). D'après Goar (4), dans le rituel byzantin, dédicace et déposition des reliques sont des cérémonies distinctes, accomplies d'ordinaire en des jours différents : tout d'abord, l'évêque scelle lui-même la table de l'autel soit sur des colonnes, soit sur une base pleine, il y

(1) Voir P. L., t. XCV, col. 154.

(2) Mgr Duchesne, *Origines du culte chrétien*, p. 401.

(3) Sur la basilique de Saint-Martin de Tours, voir Grégoire de Tours, *Historia Francorum*, lib. II, P. L., t. LXXI, col. 211, avec une longue note se rattachant à notre sujet.

(4) Goar, *Euchologion sive Rituale Græcorum*, in-folio Venetiis 1730. Voir pages 655-656.

fait le signe de la croix, fait la lustration avec de l'eau baptismale puis avec du vin ; termine par des onctions du saint chrême et des fumigations d'encens. Ensuite il fait le tour de l'église en balançant l'encensoir, tandis qu'un prêtre marchant derrière lui fait des onctions sur les murs : puis a lieu la bénédiction des linges et objets du culte. Pour la déposition des reliques, il y a une vigile solennelle ; en arrivant à l'église, on chante le *Tollite portas*, l'évêque met du saint chrême dans le tombeau des reliques avant de le fermer. — Que l'on défalque du rite gallican les parties romaines, on reconnaîtra une ressemblance frappante entre les pratiques gallicane et byzantine.

ARTICLE II. — ESSAI DE FUSION
ENTRE LES LITURGIES LATINES SUR LE RITE
DE LA DÉDICACE.

Les variantes constatées dans l'article précédent durent commencer à se fondre ensemble vers la fin du VIIIe siècle. Il en résulta une *forme brève d'ordre composite* dont on trouve des traces dans le Pontifical d'Egbert (1). La *forme plus longue* devint à partir du IXe siècle l'*Ordo romain* qui prévalut en Gaule et s'introduisit en Angleterre. Pour la Gaule, on peut s'en former une idée en parcourant dans D. Martène les *Ordines* du manuscrit de Reims, du manuscrit de Noyon, de plusieurs autres manuscrits (Pontifical de Cahors, de Colbert, et du monastère de Saint-Thierry), documents du IXe siècle ; l'*Ordo* d'un Pontifical de Narbonne, d'un Pontifical de Hélinard, archevêque

____

(1) Copie faite au Xe siècle en Gaule, mais sur un manuscrit d'Angleterre qui appartient probablement au VIIIe siècle. (W.-H. FRÈRE, op. cit. p.) C'est le *second* des *Ordos* publiés par D. MARTÈNE, *De Antiquis Ecclesiæ ritibus*, t. II, p. 246.

de Lyon, d'un Pontifical de Cambrai, documents des x-xiie siècles (1). Pour l'Angleterre, des renseignements nous sont fournis par un Sacramentaire anglo-saxon de l'abbaye de Jumièges, le Pontifical de saint Dunstan, archevêque de Cantorbéry (2), le Pontifical de Robert (mss. de Winchester) documents du xie siècle (3), et la plupart des livres liturgiques anglo-saxons postérieurs à la conquête normande (4).

La forme la plus longue peut seule intéresser ici ; elle est un acheminement au rite actuel du Pontifical romain ; nous en donnons une idée en prenant pour point de repère les divisions de Mgr Duchesne :

En vue de simplifier les références, on désignera dans cet exposé les *Ordines* avec la numérotation en chiffres romains qu'ils ont dans D. Martène : on s'abstiendra de signaler l'Ordo I emprunté au Sacramentaire de Gellone (viiie siècle) parce qu'il n'accuse pas encore de fusion, les autres *Ordines* de D. Martène sont désignés en note (notes 1 et 2). Remarquons, pour n'avoir pas à y revenir, que tous parlent des douze cierges allumés au commencement de la cérémonie, de l'Alphabet, du *Deus in adjutorium* redit trois fois avant la préparation de l'eau lustrale.

1° *Entrée de l'évêque et prières préparatoires.* — L'oraison Actiones nostras (5) est dans II, III et IV,

---

(1) Ces documents se trouvent dans D. MARTÈNE, opus. cit. Reims. *Ordo V*, p. 259 ; Noyon, *Ordo VI*, p. 260 ; Cahors, Colbert, Saint-Thierry. *Ordo VII*, p. 262 ; Narbonne, *Ordo VIII*, p. 263 ; Hélinard, *Ordo IX*, p. 268 ; Cambrai, *Ordo X*, p. 271.

(2) *Sacram. anglo-saxon*, dans D. MARTÈNE, op. cit. *Ordo III*, p. 250. *Pontifical de saint Dunstan, Ordo IV*, p. 255.

(3) Le *Pontifical de Robert* a été publié à la suite de son Bénédictionnaire par H. A. WILSON : *The Benedictional of archbishop Robert*. in-8. London, 1903, pp. 73 et seq.

(4) Renseignements donnés par W. Frère *Pontifical services*, qui a toute une série de documents à la fin de son volume.

(5) Dans cette énumération nous mettons en petites capitales toutes les prières, antiennes ou répons qui sont au Pontifical romain.

les litanies du début dans II, IV, V et VI. Ce dernier place à ce moment la translation des reliques, tandis que tous les autres la renvoient à la fin : c'est pourquoi il mentionne les prières AUFER A NOBIS et FAC NOS ; V donne aussi ces mêmes prières sans parler encore de translation de reliques. — La bénédiction de l'eau ordinaire avec les formules : EXORCIZO TE, CREATURA SALIS, et IMMENSAM CLEMENTIAM pour le sel ; EXORCIZO TE, CREATURA AQUÆ et DEUS QUI AD SALUTEM pour l'eau ; DEUS INVICTÆ VIRTUTIS après le mélange, ne figurent que dans V (1) et X : ce dernier Ordo parle aussi d'aspersions des murs extérieurs, entre lesquelles on intercale le TOLLITE PORTAS, et les oraisons telles qu'on les trouve au Pontifical romain ; III, V, VI et VIII signalent les trois tours extérieurs et les TOLLITE PORTAS sans mentionner les oraisons ; VIII a de plus une série de neuf répons parmi lesquels notre Pontifical romain en a conservé trois, savoir : FUNDATA EST, BENEDIC et TU DOMINE. — Le pontife, après avoir frappé pour la troisième fois, entre avec quelques clercs, en disant : PAX HUIC DOMUI ; on chante alors les deux antiennes : PAX ÆTERNA et ZACHÆE, FESTINANS, presque tous les Ordines ont PAX HUIC DOMUI, un seul, le II, a l'antienne ZACHÆE. Du VENI CREATOR il n'est question que dans l'ordo X ; tous signalent la LITANIE pendant que l'évêque est prosterné devant l'autel et, aussitôt après, l'oraison MAGNIFICARE.

2° *La cérémonie de l'Alphabet.* — Le chant de l'antienne O QUAM METUENDUS est dans II, III et VI et manque dans les autres, le cantique BENEDICTUS est seulement dans V ; ailleurs, dans III et IV, on le rem-

---

(1) Peut-être est-il bon d'avertir que V et X semblent se rapprocher du Pontifical romain plus que les autres, que VII a des analogies avec le Sacramentaire grégorien publié par D. Ménard et édité avec notes dans P. L., t. LXXVIII.

place par un autre psaume, dans VIII par six répons et versets.

3° *Préparation de l'eau lustrale.* — Tous les *ordines* en parlent, mais les formules pour la bénédiction sont fort différentes ; tandis que II, III, IV et V ont pour le sel et l'eau les exorcismes et prières ordinaires, pour les cendres, l'oraison O. S. D, PARCE PŒNITENTIBUS, une brève formule pour le mélange du vin, DEUS CREATOR ET CONSERVATOR ; que III et IV parlent d'une infusion du saint chrême dans l'eau ; VI a pour le mélange du vin, une invitation à prier : DEUM OMNIPOTENTEM, FRATRES ; VII donne des formules différentes qu'on lit aussi dans D. Ménard (1) ; VIII place, entre l'exorcisme et la bénédiction, la longue prière SANCTIFICARE, assigne une autre prière au mélange du sel et de la cendre ; IX se rapproche du premier groupe, moins la prière pour la bénédiction des cendres, et donne dans la prière SANCTIFICARE des phrases qui rappellent mieux notre pontifical romain ; X présente plus de confusion dans la suite des formules (2).

4° *Lustration de l'autel.* — III et IV placent ici la préparation du ciment ; du signe de croix fait à la porte avec le bout de la crosse il n'est point question dans les *ordines,* mais VIII parle d'une aspersion du clergé avec l'eau lustrale, et tous signalent l'onction de l'autel avec cette eau, l'aspersion autour de l'autel, mais avec des variantes pour le nombre de tours, III, VII, VIII et IX parlent de sept tours sans s'accorder sur le nombre des antiennes et des psaumes que l'on récite durant ce temps ; IV et V parlent de trois tours seulement autour de l'autel.

(1) P. L., t. LXXVIII, col. 157.

(2) Sur la prière *Sanctificare,* comme sur la bénédiction de l'eau lustrale, voir l'article du P. de Puniet, dans le *Dictionnaire d'Archéologie chrétienne et Liturgie,* t. II, col. 693 et 708.

5° *Lustration de l'église.* — Les *Ordines* II, IV, V et VI font faire trois fois le tour intérieur de l'église avec les psaumes, MISERERE, EXURGAT DEUS et QUI HABITAT et leurs antiennes respectives ; VII ne fait faire qu'un tour à l'intérieur ; IV, V et VIII signalent à ce moment une seule aspersion à l'extérieur faite soit par l'évêque soit par un prêtre qu'il députe à cet effet. L'aspersion ou lustration du pavé est mentionnée par tous les *Ordines*.

6° *Prières consécratoires.* — Les documents de V à X donnent les deux oraisons DEUS QUI LOCA et DEUS SANCTIFICATIONUM ; mais, tandis que IX présente la deuxième comme prière eucharistique ou préface, V et VIII ont la préface beaucoup plus longue ÆTERNE DEUS, VIII avec cette particularité qu'il y a de fréquentes réponses : AMEN entre les phrases ; II a la préface tout à fait identique à celle de notre Pontifical romain : ADESTO PRECIBUS NOSTRIS, ADESTO SACRAMENTIS.

7° *Onction de l'autel.* — Presque tous les *Ordines* placent ici l'antienne INTROIBO avec le psaume JUDICA ME et parlent de l'eau lustrale versée à la base de l'autel. Les onctions se font par trois fois, deux fois avec l'huile sainte et une fois avec le saint chrême ; il y a quelque divergence pour les antiennes et les psaumes chantés durant ce temps ; II et IX, ont comme dans le Pontifical romain les ant. MANE SURGENS ; EREXIT JACOB avec le ps. 82, QUAM DILECTA ; SANCTIFICAVIT avec le ps. 45, DEUS NOSTER REFUGIUM ; ECCE ODOR avec le ps. 86, FUNDAMENTA ; III, IV, V et VII ont des psaumes un peu différents ; VIII et IX intercalent entre chaque psaume des prières différentes de celles de notre Pontifical.

8° *Onction de l'église.* — III, IV, VI et VII mentionnent les onctions avec le saint chrême sur les murs ;

VIII dit qu'après avoir fait les onctions sur les murs de droite, l'évêque en fait une sur les portes à l'extérieur et à l'intérieur, puis continue sur les murs de gauche ; puis il mêle le chant des hymnes à celui des psaumes ; IX signale à peu près les mêmes psaumes que le Pontifical romain.

9° *Prières consécratoires*. — II, III et IV donnent la prière : D. O. IN CUJUS HONORE, et la préface du Pontifical romain : UT PROPENSIORI CURA ; VI et VII ont la prière seulement ; VI parle en outre de croix d'encens sur la pierre consacrée ; VIII a une préface beaucoup plus longue entrecoupée par des *Amen* ; tous ont l'antienne CONFIRMA HOC DEUS pour terminer l'onction.

10° *Bénédiction des objets du culte*. — Les sous-diacres présentent à l'évêque les linges et les ornements de l'autel ; II a pour les linges la formule du Pontifical romain, accompagnée d'une autre *Ad omnia in usum Basilicæ*, trois autres pour le corporal ; III, IV, VII et VIII ont en outre des formules pour la consécration de la patène, du calice ; V et VI pour les linges et ornements, X donne l'antienne CIRCUMDATE SION pour le revêtement des autels.

11° *Translation des reliques et reposition*. — II et III ont la prière AUFER A NOBIS, les antiennes : ECCE POPULUS ; CUM JUCUNDITATE ; DE JERUSALEM ; PLATEÆ JERUSALEM ; VIA JUSTORUM RECTA ; AMBULATE SANCTI DEI, INGREDIMINI ; AMBULATE SANCTI DEI AD LOCA ; l'oraison DOMUM TUAM INGREDERE ; l'onction du saint chrême ; l'ant. SUB ALTARE DEI ; EXULTABUNT et les deux psaumes 149-150, enfin l'oraison : DEUS QUI EX OMNI COAPTATIONE ; III mentionne en outre les litanies, l'antienne O QUAM METUENDUS pour l'entrée dans l'église, puis aussi à la fin les fumigations d'encens. — Quelques variantes se rencontrent dans

IV, V, VII et VIII ; il y a moins d'antiennes et d'oraisons dans VI, l'Ordo VIII est peut-être celui qui présente le plus de particularités, il fait vénérer les reliques par l'évêque et les fidèles au départ ; parlant de ce que l'on renferme avec les reliques, non seulement il dit comme la plupart des autres *Ordines*, qu'on ajoute trois parcelles des espèces eucharistiques et trois grains d'encens, mais qu'on y joint une charte sur laquelle sont écrits les dix préceptes de la loi et le commencement du texte des quatre évangélistes ; X semble se rapprocher davantage du Pontifical romain, soit par la place qu'il assigne à la cérémonie soit par les détails concernant la fumigation. Enfin pour cette reposition des saintes reliques comme pour les onctions de l'autel à ce moment, les *Ordines* disent que le pontife est séparé de l'assemblée des fidèles par un voile qu'on laisse retomber à l'entrée du sanctuaire.

La conclusion qui se dégage de cet article, c'est que la transition d'une cérémonie très simple au début à une cérémonie aussi compliquée que celle du Pontifical romain ne s'opéra pas d'un seul coup. On peut y voir comme une sorte de stratification des formules que M. W. Frère résume ainsi : « Le service romain, ancien et pur grégorien par son caractère, ne contient que deux antiennes et trois collectes ; le gélasien a onze antiennes et cinq collectes différentes du romain ; la plupart de ces antiennes paraissent avoir été empruntées à l'Antiphonaire romain. Quand la fusion s'opéra et que l'*Ordo* composite plus court fut formé, on vit apparaître quatre nouvelles prières, dont une de forme eucharistique. Un changement beaucoup plus considérable est marqué par le développement de l'*Ordo composite plus long* : on voit apparaître deux formules eucharistiques additionnelles, trois prières de supplication gallicanes. En même temps parurent pour la première fois, dix-neuf antiennes nouvelles, neuf répons et deux versets ; beaucoup de ces antiennes sont propres à la cérémonie, les répons sont tirés des nocturnes des martyrs, des confesseurs et de la dédicace : ce qui indique une époque où les traditions gallicanes prévalaient (1). » — Malgré toutes ces recherches et ces réflexions, on n'arrive pas encore à s'expliquer la complication, la répétition et, disons même, l'enchevêtrement des formules et des rites que présente la consécration des églises dans le Pontifical romain. On va dans le chapitre suivant demander un supplément d'information aux auteurs qui pendant plusieurs siècles, à la suite d'Alcuin, s'occupèrent des matières de liturgie.

—o—

CHAPITRE III

Le rite de la Dédicace d'après les liturgistes du IXᵉ au XIIIᵉ siècle et d'après quelques documents du XVᵉ siècle.

I. Documents. — Les liturgistes du moyen âge paraissent s'être préoccupés de trouver dans les divers rites de la dédicace des significations mystiques ; un chapitre de la seconde partie sera consacré à l'étude de ces symboles, on aura l'occasion d'y mettre à profit ce que les liturgistes en question ont laissé de plus remarquable. Toutefois ces mêmes œuvres offrent aussi de l'intérêt pour l'histoire du rite ; car elles permettent d'établir que, vers le XIIIᵉ siècle, la consécration des églises comportait à peu près tous les éléments qui se trouvent au ponti-

(1) M. FRÈRE, ouvrage cité, p. 51-52.

fical romain. Parmi les auteurs auxquels il est fait allusion ici, il convient de nommer Raban Maur (1) et Walafrid Strabon (2) au IXe siècle ; Yves de Chartres (3) et saint Pierre Damien (4) au XIe ; Honorius d'Autun (5) et Hugues de Saint-Victor (6) au XIIe ; enfin Sicard de Crémone (7) au XIIIe siècle. Ce dernier, en particulier, énumère à peu près tous les rites, cérémonies, antiennes et psaumes du pontifical et dans le même ordre. — Il n'est pas étonnant dès lors que les documents, ultérieurs, comme des Pontificaux du XIVe et du XVe siècle, se rapprochent beaucoup de notre liturgie actuelle. Nous résumerons ici l'un de ces documents le *Pontifical de Sarum* (8), manuscrit du XVe siècle qui se trouve à Cambridge, et pour abréger un exposé déjà long, nous donnerons les rites de la dédicace d'après ce document, parallèlement à l'*Ordo romain* que publia Hittorp (9) en 1561 à Cologne : entre parenthèses on signalera à côté de chaque rite les liturgistes du moyen âge qui en font mention.

II. Exposé du rite de la consécration. —

(1) Raban MAUR, *de Institutione Clericorum*, lib. II, ch. XLV. P. L., t. CVII, col. 358-359.

(2) Walafrid STRABON, *De rebus ecclesiasticis*, ch. IX. P. L., t. CXIV, col. 930-931.

(3) Yvo CARNOTENSIS, *Sermones de Sacramentis dedicationis*. P. L., t. CLXII. col. 527.

(4) S. Petri DAMIANI. *Sermones in dedicatione ecclesiæ*, Serm. 69-72. P. L., t. CXLIV, col. 897 et seq.

(5) HONORIUS d'Autun, *Gemma animæ*. P. L., t. CLXXII, col. 801.

(6) Hugues de SAINT-VICTOR, *De Officiis ecclesiasticis*, lib. I, de consecratione Ecclesiæ, ch. I-II. P. L., CLXXVII, col. 383-387.

(7) SICARDUS episc. Cremon., *Mitrale*, lib. I, ch. VI-IX. P. L., CCXIII, col. 28-36

(8) D'après, W. MASKELL, *Monumenta ritualia anglicanæ ecclesiæ*, vol. I, p. 192 et seq.

(9) HITTORP. *De divinis cath. eccl. officiis* in-fol. Parisiis, 1623. *Ordo Romanus, de Officiis divinis*, p. 119 et seq.

1º *Les préludes.* — Prières préparatoires ; aspersion extérieure ; entrée dans l'église ; alphabet.

a) Prières préparatoires. — Hittorp parle de la récitation des litanies en entier (Sicard de Crémone), le Pontifical de Sarum dit que l'évêque récite les psaumes : *Judica me, Quam dilecta, Inclina Domine,* puis le *Memento* avec plusieurs versets, le tout à l'endroit où sont exposées les reliques. — On se rend alors devant la porte où l'évêque dit : *Zachæe festinans,* et deux oraisons : *Actiones nostras* et *Deus qui nos pastores,* d'après le Pontifical de Sarum ; les oraisons *Aufer a nobis* et *Fac nos,* d'après Hittorp.

b) Alors se fait l'eau bénite ordinaire, puis *l'aspersion extérieure.* Le Pontifical de Sarum a, sauf l'antienne *Asperges me,* les mêmes antiennes et oraisons dites par l'évêque quand il frappe à la porte, d'après le Pontifical romain. Avant cette cérémonie de l'aspersion et des oraisons à la porte, Hittorp fait apporter les reliques jusqu'à l'entrée de l'église, au chant des antiennes : *Surgite sancti,* et *Cum jucunditate.* — (Sans entrer dans ces détails de prières, les liturgistes qui parlent de l'aspersion extérieure sont Yves de Chartres, Honorius d'Autun, Sicard de Crémone, saint Pierre Damien).

c) Entrée dans l'église. — Le Pontife dit : *Pax huic domui ;* le Pontifical de Sarum signale l'antienne *Pax æterna* du Pontifical romain ; l'évêque entre seul avec quelques clercs ; les autres restent au dehors (avec les prêtres qui portent les reliques, dit Hittorp) : on récite les litanies qui se terminent par la triple invocation : *Ut hanc ecclesiam benedicere, sanctificare, consecrare digneris,* puis l'évêque dit l'oraison : *Magnificare* sans *Dominus vobiscum* (Yves de Chartres, Honorius d'Autun, Sicard).

d) La cérémonie des alphabets a lieu pendant que le chœur chante l'antienne *O quam metuendus* avec le cantique *Benedictus* (tous nos liturgistes parlent des alphabets sans toutefois mentionner le chant dont parlent Sarum et Hittorp) (1). Là se terminent les préludes.

2. *Lustration de l'autel et de l'église.* — Préparation de l'eau lustrale ; lustration de l'autel ; lustration de l'église, prière consécratoire.

a) *Préparation de l'eau lustrale.* — Ici commence la cérémonie proprement dite par le *Deus in adjutorium* : le Pontifical de Sarum, pour la bénédiction de l'eau lustrale, donne, en majeure partie, les formules du Pontifical romain, Hittorp a des formules différentes ; tous deux s'abstiennent de citer la longue formule : *Sanctificare* (moins les formules, Yves de Chartres, saint Pierre Damien, Honorius d'Autun, Sicard de Crémone parlent de l'eau lustrale).

b) Aussitôt après a lieu la *lustration de l'autel* (2). Hittorp parle de la formule : *Sanctificetur* prononcée au milieu et aux quatre coins de l'autel, des sept tours de l'autel pendant lesquels ant. *Asperges me* et ps. *Miserere*. (Yves de Chartres, saint Pierre Damien, Honorius d'Autun et Sicard de Crémone).

c) *Lustration de l'église* : trois tours intérieurs, les antiennes et psaumes sont les mêmes au Pontifical de Sarum et au Pontifical romain : Hittorp indique les ps. *Exurgat* et *Qui habitat* pour le premier et le troisième tour et simplement une antienne pour le second. (Yves de Chartres, Honorius d'Autun, Sicard de Crémone) (3). — Alors a lieu la lustration du pavé

(1) Le *Pontifical du Sarum* contient ici une assez longue prière : *Deus qui sanctum Moysen præ cæteris.* — Maskell p. 211-212.

(2) Le *Pontifical de Sarum* est assez laconique en cet endroit : il se contente de dire : *tunc procedens episcopus ad altare ibidem incipiat,* et passe immédiatement aux murs de l'église, intérieurs et extérieurs.

(3) Ce dernier marque les psaumes du Pontifical romain : on remarquera que le Pontifical romain a simplement la seconde partie du psaume *Exurgat.* Le pontifical de Sarum fait faire ici trois nouveaux tours d'aspersion à l'extérieur.

avec les oraisons : *Deus qui loca* ; *Deus sanctificationum* (Sarum et Hittorp) : nos liturgistes du moyen âge n'en parlent pas.

d) Prière consécratoire. Elle est dans le Pontifical de Sarum et dans Hittorp.

3. *Consécration de l'autel et de l'église*. — Ici se présentent certaines divergences : la translation des reliques marquée dans le Pontifical romain, a dû, d'après Hittorp, se faire au début ; le Pontifical de Sarum la passe sous silence (1) : de plus ce dernier place l'onction des murs avant celle de l'autel.

a) Onction de l'autel. — Le pontife récite l'antienne *Introïbo* et le psaume *Judica me*, répand l'eau lustrale à la base de l'autel, après avoir préparé le ciment, fait les onctions avec l'huile sainte et le saint chrême sur la table de l'autel : on chante pendant les onctions les antiennes et psaumes : *Erexit, Mane surgens, Ædificavit, Unxit te*... mentionnés au pontifical romain : puis ont lieu les fumigations d'encens avec l'antienne: *Ecce odor*. Tel est l'ordre donné par Hittorp : on le trouve assez confusément dans le pontical de Sarum où onctions et fumigations se trouvent reportées après des oraisons identiques à celles du Pontifical romain ; Sicard de Crémone le donne un peu plus nettement et signale même l'onction de la porte avec le saint chrême au moment de l'entrée des saintes reliques (Honorius d'Autun et Yves de Chartres présentent un exposé plus sommaire).

b) Onction des murs de l'église. — Elle n'est pas explicitement marquée dans Hittorp qui signale pourtant l'antienne *Lapides pretiosi* et le psaume *Lauda Jerusalem* ; le Pontifical de Sarum, comme on l'a déjà dit, place cette cérémonie avant l'onction de l'autel.

---

(1) Sicard de Crémone place la translation des reliques au même moment que le Pontifical romain.

(Elle est marquée dans saint Pierre Damien et Sicard de Crémone.)

c) Prière consécratoire ou préface. — Elle est dans Hittorp et dans le Pontifical de Sarum : celui-ci la fait suivre d'une assez longue oraison où l'on trouve des allusions au sacrifice d'Abel, de Melchisedech et d'Isaac. Vient ensuite l'oraison: *Majestatem* que Sarum fait précéder de l'antienne *Confirma hoc* et du psaume *Exurgat* qui reparaît ici en entier comme dans le Pontifical romain. Il est assez difficile de retrouver dans nos documents les oraisons et antiennes qui, dans le Pontifical romain, servent de conclusion aux onctions de l'autel et des murs de l'église ; ces mêmes documents laissent supposer que la reposition des reliques s'est accomplie, mais ne l'indiquent pas explicitement.

4. *Bénédiction des objets du culte et ornementation de l'autel.* — C'est dans nos documents comme le complément nécessaire de la consécration : Hittorp présente, au milieu de beaucoup d'autres, l'oraison : *Omnipotens et misericors Deus* par laquelle l'évêque d'après le Pontifical romain, bénit les ornements ; le Pontifical de Sarum donne deux oraisons distinctes. Des antiennes, du répons et du psaume que donne le Pontifical romain pour l'ornementation de l'autel, on ne retrouve que *Circumdate Sion* et *Omnis terra adoret te* dans le Pontifical de Sarum avec un autre psaume, le *Magnus Dominus*. (La cérémonie est sommairement indiquée dans Yves de Chartres, saint Pierre Damien, Honorius d'Autun, Sicard de Crémone).

5. *Célébration de la messe.* — Tous les documents la supposent : le Pontifical de Sarum en donne les éléments tels qu'on les lit au missel romain, sauf pour le psaume de l'introït qui est : *Dominus regnavit* ; il ajoute même après l'*alleluia* la séquence *Jerusalem et*

Sion filiæ que l'on dira, même en carême, observe la rubrique.

6. *Translation et reposition des reliques.* — On a vu que les documents ne s'accordent pas sur le moment où se fait cette translation : quant à la reposition, elle est assez vaguement signalée.

DEUXIÈME PARTIE

—

Les règles canoniques et liturgiques du rite de la dédicace et son symbolisme.

Quelles que soient les difficultés que l'on éprouve à découvrir l'origine des cérémonies et rites de la consécration des églises, on doit s'en tenir à la correction du Pontifical romain faite en 1596 par les soins du pape Clément VIII, défense étant insérée dans la bulle de publication de rien ajouter, changer ou retrancher à ce qui y est prescrit pour l'accomplissement des cérémonies pontificales (1). Reste donc, dans cette seconde partie, à faire une étude sommaire du rituel de la dédicace au triple point de vue canonique, liturgique et symbolique (2) : de là, trois chapitres.

(1) Voir la Bulle qui se trouve au commencement de tous les exemplaires du Pontifical romain. Cf. D. GUÉRANGER, *Institutions liturgiques*, t. III, p. 230.

(2) Pour suivre avec intérêt ces explications, il est bon d'avoir sous les yeux le texte du Pontifical.

CHAPITRE PREMIER

Le rite actuel de la dédicace au point de vue canonique.

Pour ne rien laisser à l'arbitraire et à la fantaisie, l'Eglise catholique a jugé bon de statuer sur les cérémonies, sur la cérémonie elle-même, sur ses effets et conséquences.

I. Préparatifs. — 1º *Jours où l'on peut faire cette cérémonie.* — Le droit canon, au chap. *Tua fraternitas*, 2, *De consecratione ecclesiæ*, a inscrit cette réponse du pape Innocent III à l'évêque de Tournai : « Dans votre diocèse, il vous est permis d'accomplir la dédicace des églises ou le dimanche ou n'importe quel jour de la semaine. » Toutefois le Pontifical romain estime qu'il est plus convenable de faire cette consécration ou un dimanche ou un jour de fête. Si une coutume existe à ce sujet, il la faut respecter (1).

2º *Obligation de jeûner la veille de la cérémonie.* — Elle existe pour l'évêque consécrateur et pour ceux qui ont sollicité la faveur d'avoir une église consacrée : cette dernière clause s'entend du laïque fondateur ou bienfaiteur insigne de l'édifice, s'il fait cette demande à l'évêque ; elle s'entend aussi de tout le clergé attaché au service de cette église quand bien même quelques membres n'auraient pas émis un avis favorable à la consécration. Catalani dans son commentaire sur le pontifical romain dit que cette obligation est fondée sur une coutume très ancienne puisque le pape saint Léon le Grand

(1) Citons ici une fois pour toutes, deux canonistes auxquels nous nous référons souvent au cours de ce chapitre : S. MANY, *Prælectiones de locis sacris*, un vol. in-8, Paris, 1904. P. GASPARRI, *Tractatus canonicus de SS. Eucharistia*, 2 in-8, Lugduni, 1897.

en parle dans une lettre à l'évêque d'Alexandrie Dioscore (1).

3° *Préparation des saintes reliques.* — La consécration d'une église ne peut se faire licitement sans la consécration d'un autel fixe. La table de cet autel doit être de pierre et d'un seul morceau ; on y fait graver cinq croix, une au milieu et une à chacun des quatre coins : en avant de la croix du milieu on fait pratiquer une cavité assez grande pour renfermer les saintes reliques, on prépare une pierre qui devra fermer l'entrée de cette cavité : cette pierre sera cimentée au cours de la cérémonie, après qu'on aura déposé les saintes reliques dans le sépulcre. La discipline actuelle exige sous peine de nullité de la consécration que l'on ait des reliques pour la consécration des églises et des autels : conséquemment cette obligation est sous peine de péché grave. Ceci résulte d'une instruction adressée en 1877 à l'évêque de Rennes par la Sacrée Congrégation des Rites : elle allègue en particulier un texte de l'Apocalypse, de saint Augustin, puis la nécessité de rendre conformes à la vérité ces paroles : *Quorum reliquiæ hic sunt* que le prêtre doit prononcer au commencement de la messe en baisant l'autel. Pour la qualité des reliques, toujours conformément aux paroles citées tout à l'heure, il faut que ce soient des reliques de saints, et non simplement de bienheureux, de plusieurs saints et non simplement d'un seul. Faut-il que ce soient des reliques de martyrs ? quelques-uns l'ont prétendu : nos canonistes se montrent plutôt embarrassés sur ce point et Gasparri conclut en disant qu'on voudrait avoir une réponse pratique de la Sacrée Congrégation des Rites pour trancher la question (2).

(1) CATALANI, *Pontificale Romanum*, t. II, p. 61. Lettre 81° de saint Léon.

(2) *Opus citatum*, t. I, p. 236.

Il est à peine besoin d'ajouter que ces reliques doivent être authentiques, c'est-à-dire garanties comme telles par l'autorité compétente.

Donc, la veille du jour où doit se faire la consécration de l'église, le Pontife s'étant procuré de ces reliques, les renfermera dans une boîte convenable avec trois grains d'encens ; il préparera autant de boîtes qu'il y a d'autels à consacrer (1) il y joindra une attestation par écrit de l'acte de consécration qu'il va accomplir, et scellera le tout de son sceau. Puis il exposera les reliques dans un endroit distinct de l'église dont il doit faire la consécration sur une table convenablement ornée, avec deux flambeaux allumés : les reliques demeurent ainsi exposées toute la nuit (2). La coutume qu'on avait au moyen âge de joindre aux reliques des parcelles de la sainte eucharistie a été déclarée inconvenante (3).

4° *Vigiles.* — Le Pontifical romain dit que devant les reliques exposées, on chantera les nocturnes et laudes des saints dont on a les reliques. Dans une réponse à l'évêque du Mans, la Sacrée Congrégation des Rites dit que cela s'entend de matines, laudes, hymnes, cantiques et oraisons du commun, sans nom exprimé, car ce ne *sont pas là des parties de l'office du jour* (14 juin 1845). Conséquemment, disent les canonistes, la veillée doit durer toute la nuit ; tous les clercs de l'église ne sont pas obligés de s'y réunir en même temps, mais peuvent se succéder aux diffé-

(1) On peut, en effet, d'après la discipline actuelle, consacrer plusieurs autels dans une consécration d'église.

(2) Rubrique du Pontifical romain. De Rossi, *Bull.* (1872) dit qu'autrefois cette boîte était de métal précieux : rien n'est prescrit aujourd'hui à ce sujet. Gasparri, I, p. 236.

(3) Le Card Bona, *Rerum liturgicarum*, lib. I, t. II, p. 61, allègue à ce sujet une décision d'Innocent III inscrite au droit canonique Gasparri, t. I, p. 231, dit Innocent IV et se réfère à N. R. T. t. XII, p. 486.

rentes heures ; ceux qui n'assistent pas ne sont pas
tenus à réciter en particulier ledit office qui n'est pas
partie du *pensum* quotidien ; d'autre part ceux qui
le récitent devant les reliques ne doivent pas se croire
dispensés de la récitation de l'office du jour en allé-
guant l'adage : *Officium pro officio*. Bref, il faut voir
ici une ancienne pratique de la liturgie gallicane
que le Pontifical romain a voulu conserver (1).

II. La cérémonie elle-même. — Nous voulons
dire quelques mots seulement au sujet du ministre
consécrateur et de l'essence de la consécration.

1º *Ministre consécrateur.* — Le ministre ordinaire
de la consécration des églises est l'évêque : le droit
canon, qui en décide ainsi, s'appuie sur la pratique
universelle de l'Eglise. L'évêque ne peut se faire
suppléer dans cet office par un simple prêtre ; seul,
le souverain pontife peut accorder une semblable
délégation à un simple prêtre ; comme cette loi est
d'ordre purement ecclésiastique, il appartient au chef
suprême de l'Eglise de pouvoir y déroger : on en
voit des exemples dans l'histoire. Benoît XIV dit de
lui-même qu'il usa de cette faculté de déléguer un
simple prêtre (2). — Le droit de consacrer les églises
appartient à l'évêque du lieu pour toute l'étendue de
son diocèse : le Saint Concile de Trente défend aux
évêques d'exercer dans un autre diocèse que le leur
leurs fonctions épiscopales, à moins qu'ils n'aient la
permission expresse de l'Ordinaire du lieu ; les contre-
venants sont frappés de suspense (3). Sans nul doute
la dédicace des églises doit être rangée parmi les
fonctions épiscopales.

(1) GASPARRI, opus citat., t. I, p. 236-239.
(2) Constit. *Suprema dispositione* (26 apr. 1749). *Bullarium*, t. III,
nº 6.
(3) *Concil. Trid.* Sess. III, *de Reformat.*, cap. v.

Dans les temps anciens, les évêques se réunissaient nombreux à l'occasion de la consécration des églises, et plusieurs se partageaient souvent les parties de la cérémonie. Dans les temps plus rapprochés de nous, Benoît XIV s'autorisant de l'exemple de ses prédécesseurs prit un évêque pour l'assister dans la consécration de l'église de Saint-Apollinaire à Rome, et il formule ce principe qu'une même église peut être consacrée non seulement par un évêque seul, mais par plusieurs. A première vue, ce principe semble en opposition avec le texte du Pontifical, mais il ne faut pas oublier que les dispositions de ce genre sont d'ordre purement eccclésiastique. Les évêques peuvent se partager l'aspersion des murs, la consécration des autels (s'il y en a plusieurs), et même l'onction des croix sur les murs (1).

2. *Essence de la consécration.* — L'essence de la consécration de l'église doit être placée dans l'onction, avec le saint chrême, des douze croix qui sont sur les murs et dans les paroles que le pontife prononce au moment de l'onction (2). — Il est bien vrai qu'on ne peut licitement consacrer une église sans consacrer au moins un autel, mais l'omission de la consécration de l'autel ne rendrait pas nulle la consécration de l'église. — La S. C. des Rites (19 sept. 1665) a statué que cet autel devait être l'autel majeur ou principal : cependant si celui-ci avait été préalablement consacré, on en devrait consacrer un autre au cours de la consécration de l'église. — Il n'est pas défendu de consacrer plusieurs autels au cours de la cérémonie : dans ce cas, s'il y a plusieurs évêques qui y assistent, le pontife consécrateur se réserve

(1) On trouve dans les œuvres de Benoît XIV, t. XVIII (4ᵉ du Bullaire) des exemples à l'appui de cette pratique, notamment des papes saint Léon IX (1049-1055), Gélase II, (1118), Calixte II (1118-1124), etc.

(2) Décision de la S. C. des Rites *in Lisbonem*, 12 apr. 1614.

l'autel principal et confie les autres aux évêques présents. — On doit célébrer la messe après la consécration de l'église, mais comme le consécrateur peut se faire suppléer pour cette célébration par un simple prêtre, on s'accorde généralement pour dire que la messe n'appartient pas à la substance de la consécration.

III. Les conséquences de la consécration. — Il en est qui relèvent plus spécialement du droit canonique ; nous ne les mentionnerons pas : nous ne voulons parler que de la célébration de l'anniversaire. Pour tous ceux qui sont attachés à l'église consacrée, il y a obligation de célébrer cette dédicace, plutôt en vertu d'une coutume que d'une loi écrite : dès la fin du IVe siècle, la pèlerine Ethérie nous atteste l'existence de cette pratique à Jérusalem. Dès le jour même de la consécration, les clercs dans les ordres sacrés doivent prendre au Bréviaire l'office du commun de la dédicace à partir de tierce (heure qui coïncide avec la fin de la cérémonie) (1). Puis chaque année, au jour anniversaire de la consécration, à moins que l'évêque n'ait fixé, une fois pour toutes, un autre jour, le clergé de l'église consacrée récite l'office et célèbre la messe du commun de la dédicace en tenant compte des rubriques générales.

—o—

CHAPITRE II
Le rite actuel de la dédicace au point de vue liturgique.

Pour présenter un exposé clair et méthodique des cérémonies de la consécration d'une église, il est bon de reproduire ici les divisions et subdivisions déjà

(1) Décision de la S. C. des Rites *in Cenoman.* 7 déc. 1844.

données dans le chapitre III de la première partie : nous distinguerons donc six actes principaux : 1° les préludes ; 2° la lustration de l'autel et de l'église ; 3° la translation solennelle des reliques ; 4° la consécration de l'autel et de l'église ; 5° la bénédiction des ornements ; 6° la célébration de la messe.

I. Préludes. — Cette première entrée en fonction s'étend à toutes les prières préparatoires, aux cérémonies du début y compris celle des alphabets.

1° Au préalable, le pontife vient faire l'inspection de l'église à consacrer pour s'assurer par lui-même que tout est prêt, il fait allumer les douze cierges qui surmontent les douze croix autour des murs, sort de l'édifice, en fait sortir tous ceux qui s'y trouveraient, laissant uniquement à l'intérieur un diacre qui en fera la garde ; puis les portes se ferment. — Devant les reliques exposées, l'évêque assisté du clergé récite les *prières préparatoires :* elles se composent aujourd'hui des sept Psaumes de la Pénitence (1), de l'invocation à la Très Sainte Trinité (2) avec l'oraison *Actiones nostras,* et de la première partie des Litanies des Saints. Après les sept Psaumes de la Pénitence (dont on ne trouve pas trace dans les anciens documents), l'évêque se revêt de l'amict, de l'aube, du cordon, de l'étole et de la chape blanches, puis se rend avec le clergé à la porte extérieure de l'église ; non content de s'être déjà reconnu pécheur, il proclame ici son impuissance, fait invoquer par le chœur l'assistance des trois personnes divines, demande leur intervention pour l'accomplissement de l'œuvre, et, comme effrayé de l'entreprise, il se prosterne de

____

(1) Voir ces psaumes dans l'opuscule *Prières et cérémonies de la dédicace des églises.* On y trouvera également les prières indiquées dans les notes qui suivent.

(2) Ant. *Adesto unus Deus ;* or. *Actiones* et *Litanies des Saints,* item.

nouveau pendant qu'on invoque tous les saints du ciel.

2° Alors, par des exorcismes et bénédictions réitérés (1), il *prépare l'eau* qui doit servir à l'*aspersion extérieure*. Les trois aspersions qui se succèdent ont pour objet de ravir à l'influence du démon l'édifice avec le terrain sur lequel il est bâti, d'assujettir cet édifice pleinement à Dieu qui a présidé à la construction, en a uni toutes les parties et daigne le visiter en la personne de son ministre.

C'est la pensée qu'expriment les oraisons récitées après chaque aspersion (2). On remarquera aussi que l'Évêque faisant cette aspersion ne cesse de répéter : *In nomine Patris...* c'est au nom de la Sainte Trinité qu'il prétend agir. A ce titre aussi, il demande par trois fois qu'on lui ouvre les portes (3). Ainsi la cérémonie nous fait entendre la difficulté d'arracher au démon les éléments matériels depuis qu'il en est devenu le maître par le péché de l'homme : de là des instances réitérées dans les oraisons du pontife, dans les répons que chante le chœur (4). Parvenu à se faire ouvrir les portes, l'évêque prend possession de l'édifice, en marquant le seuil du signe de la croix, annonce la paix au nom du Sauveur Jésus qui choisit ici sa demeure (5).

3° L'hymne *Veni Creator* appelle la bénédiction de Dieu sur cette prise de possession ; c'est aussi pour cela qu'on répète les Litanies des Saints avec lessolen-

---

(1) *Exorcizo te creatura salis,* — *Immensam clementiam,* — *Exorcizo te creatura aquæ* — *Deus qui ad salutem* — *Deus invictæ.*

(2) Or. *O. S. D. qui in omni loco,* — *O. S. D. qui per Filium tuum,* — *O et M. D. qui sacerdotibus.*

(3) *Tollite portas,* et le dialogue, item.

(4) Rép. *Fundata est,* — *Benedic Domino,* — *Tu domine universorum.*

(5) *Ecce crucis signum,* — *Pax æterna,* — *Zachæ festinans.*

nelles invocations (1), que l'évêque après deux oraisons (2) et pendant le chant du *Benedictus* (3) grave
sur le pavé les deux alphabets grec et latin.

II. Lustration de l'autel et de l'église. — Tout
ce qui a été fait jusqu'ici n'est qu'un préambule de la
cérémonie : c'est la prise de possession de l'édifice au
nom de Dieu. Maintenant commence l'œuvre de la
purification pour laquelle l'évêque implore le secours
d'En-Haut (4), par une invocation trois fois répétée,
sans y joindre le chant d'allégresse.

1° Préparation de l'eau lustrale. — L'eau bénite
pour la purification extérieure ne suffit plus : il faut
une eau spéciale dans laquelle entrent les éléments
du sel (symbole de la doctrine incorruptible) des
cendres (symbole de la pénitence) et du vin (symbole
de la divinité du Sauveur). Les rituels de date posté-
rieure ont appelé cette eau, eau grégorienne. Pour
sa bénédiction, le Pontifical romain contient de nouvelles formules ; l'exorcisme et la bénédiction du sel
disent la vertu médicinale de cet élément et rappellent
la parole de Jésus à ses Apôtres : *Vos estis sal terræ* (5)
l'exorcisme et la bénédiction de l'eau disent la vertu
de l'eau pénétrée d'une efficacité divine par le baptême
du Sauveur (6), la formule de la bénédiction des
cendres, employée ailleurs, inculque l'idée de pénitence (7), celle de la bénédiction du vin rappelle le

---

(1) *Ut locum istum visitare... Ut ecclesiam et altare hoc benedicare sanctificare et consecrare digneris.*

(2) *Præveniat nos, — Magnificare.*

(3) Ant. *O quam metuendus et Benedictus.*

(4) *Deus in adjutorium* et *Gloria Patri* trois fois sans Alleluia.

(5) *Exorcizo te... in nomine D. N. J. C. qui apostolis suis.* — *D. D. P. O. qui hanc,*

(6) *Exorcizo te... ut repellas* — *D. D. P. O. statutor onnium elementorum.*

(7) *O. S. D. parce pænitentibus.* Mercredi des Cendres.

miracle de Cana (1). La longue formule, qui fait suite au mélange des éléments, célèbre les prodiges opérés par l'eau et est en partie empruntée à saint Ambroise : vers la fin, après que le pontife a marqué de la croix la porte intérieure de l'église, il est question de l'ange gardien des sanctuaires où Dieu veut habiter (2).

2° Lustration de l'autel. — Elle commence par la récitation de l'antienne *Introibo* et du psaume *Judica me,* que le prêtre dit au début de chaque messe avant de monter à l'autel. L'évêque monte ensuite à l'autel pour y marquer de l'eau lustrale les croix gravées sur la table ; la croix du milieu rappelle plus spécialement la passion de Jésus, les quatre autres aux quatre coins symbolisent l'efficacité universelle de son sacrifice. En y traçant le signe de la croix, le pontife prononce une parole de sanctification qui reviendra souvent sur ses lèvres au cours de la cérémonie (3) ; il conclut ce premier acte par une oraison qui rappelle l'acte de Jacob dressant un autel au Seigneur après la vision dont il fut favorisé (4). Pendant les sept tours qu'il fait pour l'aspersion de l'autel, le chœur chante l'antienne *Asperges me* et le psaume *Miserere :* ces actes d'aspersion nous disent l'ardeur infatigable que les Apôtres doivent apporter à la sanctification des âmes purifiées par leur ministère.

3° Lustration de l'église. — Trois tours intérieurs sont accomplis pour l'aspersion des murs pendant que le chœur chante des antiennes et des psaumes (5).

---

(1) *D. J. C. qui in Cana Galilæœ.* — Suivent les prières pour le mélange des éléments.

(2) *Sanctificare per verbum Dei,* etc... Voir saint Ambroise in S. Lucam, lib. X, ch. XXII, P. L., t. XV, col. 1908.

(3) *Sanctificetur.*

(4) *Singulare illud propitiatorium.*

(5) Ant. *Hæc est domus,* et ps. *Lætatus sum ;* ant. *Exurgat Deus,* et ps. *In Ecclesiis ;* 2ᵉ partie du ps. 67 ; ant. *Qui habitat,* et ps. *Dicet Domino.*

C'est qu'en effet la purification extérieure ne suffit pas ; celle du dedans prépare la maison de Dieu où ses serviteurs goûteront la joie, contre laquelle les ennemis du Seigneur seront impuissants, à l'ombre de laquelle on trouvera toujours la puissante protection du Très-Haut. Puis le pavé est aspergé et comme lavé à fond pendant que le chœur chante les heureux effets de cet acte (1) : oui, c'est ici la maison de la prière, les anges du ciel en proclament la sainteté, Dieu y demeurera tous les jours pour exaucer, protéger, sanctifier ceux qui y viendront.

4° Préface consécratoire ou *prière eucharistique.* — L'acte de lustration se termine par deux oraisons (2) dont la seconde tirée en partie du deuxième livre des Paralipomènes, ch. VI, servait autrefois de consécration : elle est suivie aujourd'hui d'une autre formule consécratoire dont l'objet est de nous inspirer la plus grande vénération pour nos églises (3) : c'est là, y est-il dit, que les prêtres offrent le saint Sacrifice, que les fidèles viennent payer à Dieu le tribut de leurs hommages, qu'ils sont déchargés du fardeau de leurs péchés, relevés, guéris, comblés de toutes les grâces du ciel. — Alors se prépare le ciment avec l'eau lustrale et le reste de cette eau est répandu à la base de l'autel.

III. Translation solennelle des reliques. — Cet acte qui a pris dans le Pontifical romain un caractère de grande solennité et qui porte peut-être plus que tout autre des traces de son origine gallicane, est comme un intermède entre la purification et la consécration du lieu saint. Le trône étant préparé, le

---

(1) Ant. *Domus mea,* — *Dilexi Domine,* — *Vidit Jacob.*

(2) *Deus qui loca,* et *Deus sanctificationum.*

(3) Préface : *Adesto precibus nostris, adesto sacramentis.* La préface de la messe de la dédicace que certaines liturgies ont conservée, paraît inspirée des sentiments exprimés dans celle-ci.

moment est venu d'aller chercher les maîtres ou plutôt Notre-Seigneur lui-même qui ne se sépare point de ses serviteurs, les saints martyrs. On peut se faire quelque idée de la pompe avec laquelle a lieu cette translation en lisant ce qu'en dit D. Ménard, qui invoque à ce sujet le témoignage de Grégoire de Tours (1). Catalani raconte aussi qu'à une consécration d'église faite par le pape, ce furent des évêques et non de simples prêtres qui portèrent les reliques (2). On s'explique ainsi que notre Pontifical, par la profusion des chants, ait tenu à nous donner une idée de ce qu'étaient ces marches triomphales, durant les siècles de foi.

Il y a comme *trois étapes* dans cette ovation faite aux saints martyrs.

1º Le *point de départ* et la *procession jusqu'à l'entrée de l'église.* — Après une demande de purification du cœur qu'on retrouve sur les lèvres du prêtre au saint sacrifice de la messe (3), l'évêque fait fumer l'encens devant les saintes reliques, des prêtres chargent sur leurs épaules le précieux fardeau et l'on se met en marche en chantant des antiennes ou des répons qui sont une invitation enthousiaste et pressante adressée à la personne même des saints (4). Puis, retentit le psaume 94 qui est comme une provocation à la louange et, au milieu de ces acclamations, on entend une prière qui semble rappeler les guérisons opérées par le contact des saintes reliques (5). Le cortège arrive ainsi à l'entrée de l'église.

(1) D. MÉNARD, *Notes sur le Sacramentaire Grégorien.* P. L., t. LXXVIII, col. 423.

(2) CATALANI, *Pontificale rom.*, t. II, p. 127.

(3) *Aufer a nobis.*

(4) *O quam gloriosum est,* — *Movete vos sancti,* — *Ecce populus,* — *Via sanctorum.*

(5) *Fac nos, quæsumus, Domine.*

2º *Allocution du pontife.* — Le peuple fidèle va être admis à entrer dans l'édifice à la suite des saintes reliques : il importe qu'il soit éclairé sur le caractère et les conséquences de la cérémonie. Certains documents anciens, comme un ms. de N.-D. de Reims invoqué par Catalani, disent qu'arrivé à l'entrée du lieu saint, l'évêque adresse au peuple une instruction sur l'honneur dû aux églises, sur les dîmes et sur la cérémonie même de la dédicace. Du long discours relaté par le Pontifical, il n'existe point de trace avant l'édition de Clément VIII (1). Ceux qui l'ont composé se sont inspirés de la pensée exprimée dans le ms. de Reims et l'ont rendue en se servant ou de textes de la Sainte Ecriture ou de documents empruntés au droit canonique. Les églises, y est-il dit, sont vénérables, parce que là seulement doit être offert le saint sacrifice ; parce que les Hébreux ont eu leur sanctuaire en grande vénération, que les empereurs romains convertis au christianisme ont traduit leur respect pour les édifices sacrés par toutes sortes d'immunités et de privilèges. Que l'on tienne compte aussi de ce que saint Augustin a écrit au sujet des dîmes (2). Comme pour donner une sanction à son discours, le pontife fait lire par l'archidiacre deux décrets du saint Concile de Trente, le premier contre les usurpateurs des biens d'église, le second prescrivant le paiement des dîmes (3). La même préoccupation lui fait interpeller le constructeur ou fondateur de l'édifice ; à lui et à ses héritiers sera accordée la première place dans les processions,

---

(1) CATALANI, *Pontificale Rom.*, t. II, p. 129, et seq.

(2) P. L., t. XXXIX, col. 2269 : il paraît bien que ce sermon doit être restitué à saint Césaire d'Arles.

(3) Concile de Trente, *Ses. 22 cap. 11, De Reformatione. Ses. 25, cap. 12, De Reformatione.*

mais on veut savoir quel dot il assure à cette fiancée du Sauveur qu'est l'édifice sacré (1).

3º *Entrée dans l'église.* — Alors reprennent les chants de triomphe en l'honneur des saintes reliques, mais avant d'aller plus loin l'évêque marque d'une onction avec le saint chrême la porte extérieure pour qu'elle soit vraiment l'entrée du salut et de la paix (2).

IV. Consécration de l'autel et de l'église. — Cet acte constitue comme le point central de toute la cérémonie : aussi bien les canonistes nous disent que là se trouve l'essence de la consécration. Il se décompose lui-même en reposition des reliques et onction de la table d'autel, onction des murs de l'église, prière eucharistique ou consécratoire.

1º. *Reposition des reliques et onctions de la table d'autel.* — La cérémonie s'accomplissait autrefois dans le mystère et comme dans l'ombre : un voile séparait le sanctuaire du reste l'église, les fidèles n'entendaient que les chants et les prières sans apercevoir ce qui se faisait à l'autel. Une ouverture a été pratiquée préalablement au milieu de l'autel ; c'est là que doivent reposer les saintes reliques comme dans un tombeau. L'évêque fait à l'intérieur, des onctions avec le saint chrême ; il y place ensuite le sacré dépôt et scelle lui-même la pierre qui ferme l'entrée de ce sépulcre : cette pierre devra désormais ne plus former qu'un seul tenant avec la table d'autel, l'enlever ou la briser serait faire perdre à l'autel sa consécration. Pendant toute cette opération, le chœur chante des antiennes (3), après quoi le pontife récite une oraison qui résume les vœux et les intentions de

(1) *Seias, frater charissime.* — L'Idée de dot en faveur des édifices sacrés est déjà dans S. CHRYSOSTOME, *Homilia XVIII in Act. Apost.*

(2) *Domum tuam ingredere,* — *Porta, sis benedicta,* — *Ingredimini,* — *Exultabunt,* et ps. 149-150.

(3) *Sub altare Dei,* — *Corpora sanctorum.*

tous (1). Il marque d'une nouvelle onction du saint chrême la partie extérieure du tombeau et encense l'autel (2), l'encensement doit alors se continuer sans interruption jusqu'à la fin de l'acte consécratoire, un prêtre l'accomplit pendant les moments où l'évêque pratique les onctions. Par trois fois le pontife marque d'une onction les cinq croix incrustées sur la table d'autel, les deux premières fois avec l'huile des catéchumènes, la troisième avec le saint chrême ; à chaque onction il répète la même formule (3), pendant ce temps le chœur chante des antiennes et des psaumes (4). Le pontife s'interrompt pour entonner un répons, encenser l'autel et dire une oraison (5). Pendant une quatrième antienne et un quatrième psaume (6) il répand sur toute la table et mêle ensemble l'huile des catéchumènes et le saint chrême pour que la pierre en soit tout imprégnée et toute pénétrée : on chante une cinquième antienne et un cinquième psaume (7), puis l'évêque en une dernière formule exprime le résultat des onctions répétées (8). (Jusqu'à ce moment les psaumes sont chantés sans *Gloria Patri* à la fin, comme pour marquer le caractère de purification des cérémonies.)

2° *Onctions des murs de l'église.* — Sur les murs ont été gravées ou peintes des croix qui doivent être pour les générations futures une marque et une attestation de l'acte de consécration. Sur chacune de ces

---

(1) *Deus qui ex omnium cohabitatione.*

(2) *Stetit angelus,* — *Dirigatur oratio mea.*

(3) *Sanctificetur et consecretur lapis iste.*

(4) *Erexit Jacob* et ps. 83, *Quam dilecta.* — *Mane surgens,* ps. 91, *Bonum est* ; *Unxit te Deus,* ps. 44, *Eructavit.*

(5) Rép. *Dirigatur* (3 fois) ; oraisons : *Adsit, Dne,* — *Adesto Dne. O. S. D. altare hoc.* — *Descendat.*

(6) Ant. *Sanctificavit* et ps. 45, *Deus noster, refugium.*

(7) *Ecce odor,* et ps. 86 *Fundamenta ejus.*

(8) *Lapidem hunc, fratres.*

croix où brûlent les cierges allumés dès le commencement de la cérémonie, l'évêque vient faire une onction avec le saint chrême en prononçant une formule (1), et immédiatement après chaque onction, il encense la croix. Pendant ce temps le chœur exécute des antiennes, un psaume et des répons auxquels se mêlent cette fois le *Gloria Patri* et l'allelluia (2). L'évêque revient ensuite à l'autel où par une antienne et plusieurs oraisons (3) il prépare les fumigations d'encens qui vont embraser et embaumer l'autel tout entier. C'est comme une oblation d'holocauste sur laquelle on appelle les flammes de l'amour divin (4). La combustion terminée on nettoie la table d'autel, le pontife y fait descendre les bénédictions du ciel en une prière qui devient:

3. *Préface consécratoire* (5) : elle exprime la reconnaissance pour le choix que Dieu a daigné faire de ce temple sacré, le vœu de voir réaliser dans son enceinte sous le regard des anges ce qu'Abraham et Jacob se proposaient d'obtenir le premier, par l'immolation de son fils, le second par l'autel érigé à l'endroit de sa vision céleste. Le tout se termine par l'antienne *Confirma hoc*, le psaume *Exurgat Deus*, un chant de triomphe après le combat ; enfin une dernière onction sur la partie antérieure de l'autel, sur les jointures, et deux oraisons (6) pour attirer les regards favorables du Seigneur sur les sacrifices offerts en ce lieu, terminent le quatrième acte.

(1) *Sanctificetur et consecretur hoc templum.*

(2) *Lapides pretiosi* ; ps. 147, *Lauda Jerusalem* ; rep., *Hæc est Jerusalem,* — *Platea tua.*

(3) *Ædificavit Moyses,* — *Dei Patris omnip.,* — *D. D. O. cui assistit.*

(4) *Alleluia veni Sancte Spiritus,* — *Ascendit fumus,* — *Stetit angelus.*

(5) *D. O. in cujus* et préface *Ut propensiori cura.*

(6) *Majestatem tuam,* — *Supplices.*

V. Bénédiction des ornements et objets du culte.
— Vêture de l'autel. C'est l'acte complémentaire de la
consécration, beaucoup plus court et bien moins
compliqué que les précédents.

1. *Bénédiction*. — Le Pontifical romain n'a conservé
qu'une formule commune à la bénédiction des ornements sacerdotaux et des ornements de l'autel (1). Les
documents anciens sont beaucoup plus riches en
formules et ajoutent même, en cet endroit, les prières
pour la consécration des vases sacrés, patène, calice :
on suppose maintenant que ces objets ont reçu leur
consécration en dehors de la présente cérémonie, fort
longue en elle-même.

2. *Vêture*. — Comme l'enfant aussitôt après son
baptême, l'autel qui vient d'être consacré reçoit son
chrêmeau (2), (ainsi nommé sans doute à cause de son
contact immédiat avec la partie qui a recu l'onction du
saint chrême) : c'est la première nappe qui est immédiatement en contact avec la pierre d'autel. La rubrique,
en conformité avec un usage très ancien, exige que
pour la célébration de la messe l'autel soit recouvert
de deux autres nappes (3). On place aussi sur l'autel
la croix et les chandeliers, et pendant ce temps le
chœur exécute des chants d'allégresse (4). L'évêque
montant à l'autel fait une inclination à la croix,
entonne l'antienne *Omnis terra,* qu'il reprend jusqu'à
trois fois entre trois encensements, conclut par deux
oraisons (5), le *Dominus vobiscum* et *Benedicamus
Domino.*

(1) *O. et M. D. qui ab initio.*
(2) *Chrismale, seu pannum lineum ceratum.*
(3) CATALANI, *Pontificale romanum,* tom. II, p. 187, renvoie à GAVANTUS,
Thesaurus sacrorum rituum.
(4) *Circumdate, Levitæ,* — *Circumdate Sion,* — *Induit te Dominus;* ant.
In velamento, et ps. 62, *Deus, Deus, meus.*
(5) *Descendat quæsumus, Domine,* — *O. S. D. altare hoc nomini tuo.*

VI. Célébration de la messe. — Le pontife consécrateur célèbre lui-même ou se fait suppléer par un simple prêtre. Le saint sacrifice sera célébré pendant huit jours consécutifs, avec les mêmes formules propres à la solennité. Ces formules, qui se trouvent maintenant après le commun des saints dans nos missels et nos paroissiens, sont empruntées aux plus anciens Sacramentaires : elles traduisent les sentiments de vénération, de saint tremblement et de confiance que doit nous inspirer la maison de Dieu. Ainsi l'Introït nous rappelle l'impression de Jacob après sa vision au désert et nous dit aussi la confiance du saint roi David à la vue du Tabernacle ; les mêmes sentiments reparaissent dans le Graduel et l'Alleluia. L'Offertoire est emprunté aux paroles de David, après qu'il eut terminé les préparatifs pour la construction du temple ; et la Communion nous dit quelle estime Notre-Seigneur veut que nous ayons pour la maison de son Père. L'Epître nous rappelle comment la céleste Jérusalem apparut à l'apôtre saint Jean et l'Evangile nous dit la condescendance de Notre-Seigneur quand il voulut s'arrêter dans la maison du publicain Zachée. Des sentiments analogues à ceux exprimés dans ces formules sacrées doivent naître dans nos âmes chaque fois que dans nos églises nous assistons au saint sacrifice de la messe ou que nous venons dans nos temples pour prier.

—o—

CHAPITRE III
Le rite actuel de la dédicace au point de vue symbolique.

La cérémonie décrite dans les pages précédentes devait plus que toute autre donner occasion à des leçons pratiques et à des interprétations mystiques, pour ce motif, dès les premiers temps, une consécration d'église était toujours accompagnée d'un discours destiné à en expliquer le sens. Il serait trop long d'analyser ici tous les sermons prononcés en pareille circonstance, depuis celui d'Eusèbe à la dédicace de l'église de Tyr, en passant par les explications des Pères grecs et latins pour arriver à celles des liturgistes du moyen âge. A l'époque où parurent ces dernières explications (entre le IXe et le XIVe siècle), la cérémonie avait reçu des surcharges et des complications de prières et de rites, on éprouva le besoin de systématiser l'interprétation, d'établir des rapprochements entre ce rite et celui des autres sacrements (1). Il y a bien des détails à élaguer dans ces œuvres et celles qui suivirent ; retenons ces deux points principaux, la dédicace d'une église est comme un *baptême*(2) de l'édifice sacré, elle représente *l'union*(3) (sorte de mariage) entre Dieu et son temple matériel.

La *dédicace est un baptême :* elle en a les préparations, le rite principal, les conséquences. Le rapprochement sera plus sensible si l'on considère un baptême d'adulte.

a) Les *préparations ;* ce sont l'enseignement de la foi, les exorcismes et les prières.

L'enseignement de la foi est présenté à l'âme païenne dont le ministre de Dieu tâche d'ouvrir l'intelligence en la marquant du signe de la croix ; c'est la période du catéchuménat. Tout ceci est symbolisé dans notre cérémonie de la dédicace par les douze cierges allumés le long des murs de l'église, ils représentent les douze apôtres prédicateurs de la doctrine du salut (4);

<hr>

(1) On peut lire, à ce sujet, les auteurs liturgistes signalés dans le chap. III de la première partie, et y joindre, si l'on veut, ceux des âges suivants comme G. DURAND dans son *Rational des divins offices.*

(2) YVES DE CHARTRES : *Sermo de Sacramentis dedicationis.*

(3) HONORIUS D'AUTUN : *Gemma animæ* et SICARD DE CRÉMONE : *Mitrale.*

(4) Yves de Chartres et Remi d'Auxerre.

ensuite par les deux alphabets tracés sur le pavé, car ils contiennent tous les éléments par lesquels est exprimée la divine doctrine, rappellent la simplicité de la foi que Notre-Seigneur envoya annoncer aux sages et aux puissants du monde (1). L'enseignement pénètre dans l'intelligence par la vertu de la croix à mesure que s'éloigne le prince des ténèbres : c'est ce que marquent les trois coups frappés à la porte de l'église, la croix tracée sur le seuil, les alphabets tracés sur la croix de cendres. Les représentants de Jésus ont hérité de la puissance du divin Maître, ils commandent au ciel, à la terre, aux enfers, rien ne résiste au signe de la croix.

Les exorcismes et les prières. Il s'agit de chasser le démon du temple matériel comme de l'âme encore païenne : dans les deux cérémonies le ministre de Dieu parle avec autorité à l'esprit de ténèbres, réitère ses commandements et ses signes de croix, mais il n'a garde d'oublier que le triomphe est attaché à la prière, voilà pourquoi aussi il multiplie ses formules de supplication. Ce détail est particulièrement frappant dans la double préparation de l'eau pour la purification de l'église : celle de l'eau lustrale semble nous dire que l'on arrive à l'union à Dieu et à la sanctification par les leçons de la divine sagesse (sel), par les labeurs de la pénitence (cendres), par la foi à l'humanité et à la divinité réunies en Jésus-Christ (eau et vin).

Mais il faut venir au *b) rite principal.* — Dans le baptême actuel, il se ramène à l'ablution par l'eau et à l'onction de l'huile sainte et du saint chrême. L'ablution purifie des taches et souillures du péché, l'onction marque plus spécialement l'infusion du Saint-Esprit dans l'âme qu'il embaume de l'odeur des vertus. Il semble que l'une et l'autre aient été multipliées à profu-

____

(1) Honorius d'Autun, Remi d'Auxerre, Yves de Chartres, saint Pierre Damien.

sion pour la sanctification de l'église et de l'autel. Yves de Chartres essaie d'expliquer la triple aspersion en la rapprochant de la triple immersion par laquelle on administrait le baptême dans les temps anciens : « Ne pouvant, dit-il, opérer la triple immersion de l'édifice pour sa purification, nous y suppléons par une triple aspersion (1). » C'est bien : mais il y a non seulement une triple aspersion de l'église à l'intérieur avec l'eau lustrale, on a commencé auparavant à asperger trois fois les murs extérieurs avec l'eau bénite ordinaire ; puis il y a les multiples aspersions de l'autel, l'eau répandue à la base de l'autel, l'eau répandue sur le pavé. Pour Remi d'Autun, il y a dans cette répétition d'aspersions et d'effusions un symbole de la grâce septiforme répandue par l'Esprit-Saint, des humiliations du Sauveur voulant par l'effusion de tout son sang briser la dureté de notre obstination, une indication de l'ardeur que doivent apporter les ministres de Jésus pour rendre plus purs et plus parfaits ceux qu'ils ont initiés à la foi (2). Quant aux onctions multiples, le même Remi d'Auxerre voit en particulier dans les deux onctions réitérées de l'huile sainte et dans l'onction du saint chrême sur les croix de la table d'autel, le gage de communication des trois vertus de foi, d'espérance et de charité absolument indispensables pour le salut, la dernière étant la plus excellente de toutes (3).

c) Les conséquences de la dédicace comme du baptême, sont l'union intime avec Dieu : de même que selon sa promesse, il vient dans l'âme du nouveau baptisé pour y faire sa demeure, de même par

(1) YVES DE CHARTRES, *De Sacramentis dedicationis*. P. L., t. CLXII, col. 527.

(2) REMI D'AUXERRE. *De dedicatione ecclesiæ*, P. L., t. CXXXI, ol. 855.

(3) REMI D'AUXERRE, item. La même pensée est dans SICARD DE CRÉMONE, *Mitrale*. P. L., t. CCXIII, col. 36.

la reposition des reliques des saints dans le tombeau de l'autel, Notre-Seigneur fait de l'autel et de l'église sa demeure pour toujours. Ce n'est pas seulement un assemblage de pierres que nous avons sous les yeux, c'est une demeure impérissable formée de cet assemblage de pierres précieuses, qui sont les saints eux-mêmes, unies pour toujours à la pierre angulaire qui est le Sauveur Jésus en personne (1).

La dédicace est une sorte de *mariage mystique* entre Dieu et nos temples matériels : n'est-ce pas la conséquence de ce qui vient d'être dit ? — L'idée de cette union est d'ailleurs répétée à tout instant dans les formules du Pontifical où nous lisons les paroles du patriarche Jacob : « C'est ici la maison de Dieu et la porte du ciel » ; les paroles citées par Notre-Seigneur dans le saint Evangile : « Ma maison est une maison de prière. » — « Cette consécration, dit Sicard de Crémone, opère deux effets : elle fait de l'édifice matériel la propriété de Dieu, elle marque aussi notre union à l'Eglise et par l'Eglise à Dieu même. Une église non encore consacrée est comme une fiancée qui n'a point de dot ; est-elle consacrée, elle reçoit une dot faite des bénédictions du ciel.

« De ce fait elle devient comme l'épouse de Jésus-Christ, le palais du Roi éternel dans lequel il habite par sa grâce et par sa réelle présence au Saint Sacrement. L'employer à d'autres usages que la louange de Dieu, c'est commettre un sacrilège (2). » L'église consacrée est vraiment le lieu saint que le Seigneur signalait à Moïse dans le buisson ardent : « Ce lieu où tu es est une terre sainte » ; en y entrant nous ne devons plus songer qu'à nous y entretenir avec les anges, avec les saints, avec Dieu lui-même ; que le respect nous y tienne dans un profond abaissement en

(1) Item, col. 864.

(2) SICARD DE CRÉMONE, *Mitrale*. P. L., t. CCXIII, col. 28.

songeant à la Jérusalem céleste dont nos édifices sacrés sont la figure et le vestibule. »

Saint Thomas d'Aquin consacre tout un article de sa Somme théologique à la consécration des églises et des autels. A la question de savoir s'il convient que le saint sacrifice soit offert dans des édifices et sur des autels consacrés, il répond affirmativement, parce que, dit-il, cette consécration représente la sanctification procurée aux fidèles par la passion du Sauveur, la sainteté de vie de tous ceux qui participent à ce sacrement adorable, l'esprit de dévotion qu'inspirent à tous les fidèles ces édifices matériels ainsi appropriés à la célébration du culte divin (1).

Un autre auteur du moyen âge, saint Brunon d'Asti, dans un exposé qu'il intercale entre les sacrements de Baptême et de Confirmation a un mot d'explication pour chacun des rites de la dédicace. Les analogies qu'il relève se rapportent surtout à ces deux sacrements : qu'on en juge par ces quelques lignes : « L'autel est notre cœur : le cœur est en effet dans l'homme ce que l'autel est dans l'église. Ainsi par la prédication évangélique et la vertu sanctificatrice de l'Esprit-Saint, l'autel du cœur et l'homme tout entier sont purifiés et rendus saints. L'autel a été aspergé et comme baptisé par l'eau : reste à le confirmer par l'onction du saint chrême... De même que les saintes reliques sont déposées dans l'autel, de même l'autel de notre cœur ne peut se passer d'un pareil trésor : ce qui se réalise quand nous nous pénétrons des paroles et des exemples des saints, et quand nous confions à notre mémoire quelques-unes de leurs maximes (2). »

Il faut renoncer à prolonger ces citations : aussi

____

(1) *Summa theol.*, III, p., q. 83, a. 3 ad 3ᵐ et ad 4ᵐ.

(2) S. Bruno ASTENSIS, *De Sacramentis Ecclesiæ*. P. L., t. CLXV, col. 1091 et seq.

bien la méditation attentive des prières et cérémonies du Pontifical fera-t-elle beaucoup plus d'impression aux âmes qui voudront s'y appliquer. Une dernière pensée pour terminer : de même que l'Eglise nous invite à nous rappeler souvent notre baptême pour en témoigner à Dieu notre reconnaissance, de même elle a voulu que la fête anniversaire de la dédicace de nos temples matériels vînt nous rappeler chaque année avec quels sentiments nous devons nous présenter dans la maison de la prière. A l'offrande de Jésus, la victime par excellence, il faut que nous sachions unir l'offrande pleine et parfaite de nos âmes et de nos corps et demander au Seigneur que par sa grâce toute-puissante nous arrivions au bonheur éternel (1).

(1) Secrète de la messe de la dédicace, *Annue quæsumus*.

TABLE DES MATIÈRES

1072-08. — Imprimerie des Orphelins-Apprentis,
40, rue La Fontaine, Paris.

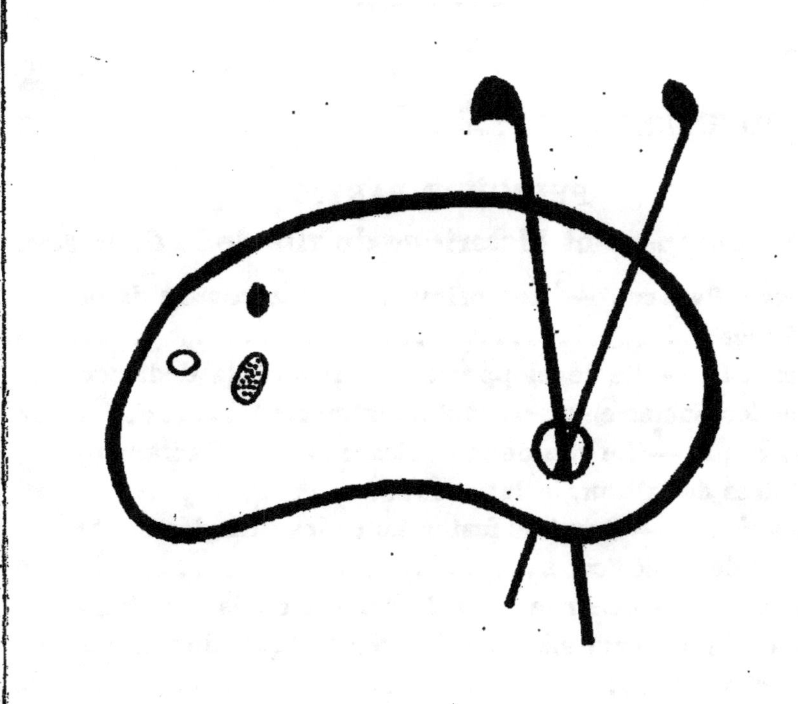
ORIGINAL EN COULEUR
NF Z 43-120-8